あなたならどうする

孤立死

中下大樹

三省堂

目次

第2章　〈対談〉湯浅誠×中下大樹　孤立死が増える社会とは？　83

第3章 〈鼎談〉反町吉秀×鈴木ひろみ×中下大樹 孤立死をなくす街づくりをいっしょに考えよう

■カバー・デザイン
安田真奈己
■カバー・イラスト
柳原パト

はじめに

尖閣・竹島・北方領土、そして北朝鮮による拉致、不審船、ミサイル、核実験など、連日、外交問題がメディアを賑わせている。言うまでもなく、それらの問題は国家の安全保障にも関わる問題であり、重大な問題である。国民ひとりひとりが、外圧からどのように自国を守っていけば良いのか、主体的に自分達の問題として考えていく必要があるだろう。

外圧に頭を悩ませる一方、日本国内にも問題は山積みしている。増え続ける国の借金、景気の低迷、医療・年金・介護などの社会保障、世代間格差・地域格差の増大、福島第1原発事故処理に伴う廃炉と放射能汚染、エネルギー問題、沖縄の基地問題、TPP、過労死と自殺、ますます増え続ける非正規労働者とブラック企業問題などなど……。

そして2012年末の衆議院選挙では、投票率が戦後最低を更新。自民党議員の多くが返り咲く一方、「結局、誰が何をやっても、世の中変わらないよ」と無関心層が増加し、戦後長く続いてきた地元利益誘導と権力闘争がまた繰り返されるだけだと、冷ややかな目線を持つ人々もさらに増加していることは否定できない。

私たちの社会は、会社の奴隷となるか？　路上生活者になるか？　というような厳しい二者択一を常に迫られているような競争社会の中を生きている。自分が勝ち残るためには、他者を蹴落とさなければならない。自分が排除されずに勝ち続けていくためには、他人のことなんか構っていられない。加えて、私たちは常に結果を出すことを求められる。また、私たちが生きるグローバル経済は、徹底的な合理主義に裏打ちされた効率優先の世界である。資本主義社会である以上、誰しもが「椅子取りゲーム」からは逃れることはできない。結果として、私たちはいつも何かに追われており、社会全体に時間的・精神的・経済的に「余裕」がなくなってきている。余裕がないから、立ち止まって物事を深く考えたり社会的な問題について議論したりする暇もない。余裕がないと、他者の事を思いやる気持ちも持ちにくい。結果、お前がダメなのは努力が足りないからだという「自己責任論」が流行る。朝から晩まで働いても給料は思うように上がらず、若い世代は非正規雇用の増加に伴い、結婚も出来ない。晩婚化・非婚化、また離婚の増加もあり、子どもの数も減り続け、厚労省の人口動態統計によると、2012年に生まれた子どもは約103万人（1899年以来最低を更新）で、死亡者数は約124万人となり、人口が自然に1年間で21万人も減ってしまうという事態に陥っている。さらに合計特殊出産率（女性一人が産むと想定されている子どもの数）もここ数年1・4人前後となっており、子どもがいても、もはや「一人っ子」が普通となっている。2013年現在、約1・27億人の人が日本に住んでいるものの、数百年単位で見ると、このままでは日本人は将来的に絶滅してしまう恐れがある。もちろん、「自分が生きている間だけ、もしくは、孫の世代くらいまで良ければそれでいい」と言ってしまうのは簡単だ。だが、それでは、この国の未来はない。尖閣竹島問題というナショナリズムを語る前に、この国は内部から崩壊してきているのではないかという強い危機感を私は抱いている。

2013年1月現在、東京都の人口は、総務局統計部の住民基本台帳によれば約1、320万人である。世帯数は約670万世帯。2012年に1世帯当たりの平均人数は1・99人となり、総人口に占める65歳以上人口の割合も20%を超えたことが大きくメディアでも伝えられた。私が住む新宿区に限って言えば1世帯当たりの平均人数は1・65人で、大ざっぱに言えば、新宿区は3世帯のうち1世帯は「単身世帯」の老若男女ということになる。「サザエさん」のような大家族は、もはや東京では「少数派」である。「サザエさん」のような大家族が機能し、「家族がお互いに支え合っていた」頃は、確かに家族が最後のセーフティネットだった。家族が支えになっている人はよい。しかし、少子高齢化・核家族化が進み、今や「おひとりさま」が日本全体の3割を超える時代の中、世の中には家族がいても、もはや支えにはならない人も多数存在する。加えて、世の中には「家族」と聞いて良いイメージを持たない人はいくらでもいる。例えば、虐待やDVを受けた方にとって、家族はもはやセーフティネットではない。「家族だから助け合え」という発想は、時と場合によっては非常に危険な考え方なのだ。親から大切に育てられた。だから親に感謝している。親の愛情に報いたい。そう思える人は素敵な人だ。しかし、世の中にはいろいろな人がいる。2012年1月、札幌市白石区で42歳の女性と40歳の知的障害を持つ姉妹が同居した部屋の中で餓死・孤立死した事件は記憶に新しい。42歳で亡くなった長女は何度も生活保護の相談に役所に通っている。だが、生活保護は受け入れられず、結局、部屋で亡くなり、知的障害のある妹は携帯電話で外部にSOSを発信しようとしたが、うまく掛けることが出来ず、餓死してしまい、部屋で二人とも孤立死してしまったのである。家族で同じ部屋で同居生活を送っていても孤立死してしまう時代に私たちは生きている。その時、メディアは「家族だけで問題を抱え込める時代は終わった。社会に安心してSOSを出せる時代にすべき」と言った。だが依然として、私たちの社会には「家族だから支え合え」「家族の絆」を強く主張する意識が根強く残っており、その「空気」が、より孤立死問題を深刻化させているように私には思える。

今後、ますます「おひとりさま」が主流となることは現実である。国立社会保障・人口問題研究所の推計(2012年1月)によると、2030年には65歳以上の人口が3割を超え、さらに全高齢者世帯のうち約4割がひとり暮らしになると言われている。誰にも看取られることなく死んで逝く人の数は、今後も増えていくことは容易に推測できる。たとえ、家の中で突発的に倒れても、常に家族以外の誰かの支えがあれば、すぐに発見されるかもしれない。だが、家族・地域・会社（学校）とも繋がりがなく、社会的に孤立した状態の中で生きていれば、「孤立死」するリスクは誰にだってあるのだ。しかしながら、私たちは自分が「当事者」にならない限り、現実を見ようとはしない。孤立死問題は、多くの現代人にとっては切実な問題であるにもかかわらず、所詮は他人事と捉えていることは否めない。

そんな中、２０１３年に入り、東京電力福島第１原発事故で、福島県郡山市から東京都江東区の国家公務員宿舎「東雲《しののめ》住宅」に避難していた無職男性（49）が、死後約１ヶ月が経過している状態で発見された。死後１ヶ月以上も発見されないという事は、生きている間から既に社会的に孤立していたという事である。家族や地域社会、会社との縁が機能していれば、１ヶ月間も死んだままひとり部屋の中で放置されるという事はあり得ない。遺体は、長期間放置されれば、ウジがわき、ハエが飛び交い、部屋は地獄絵図となる。生きている人間に人権がある様に、死んでからも人権は存在する。そのような死は、人権問題とならないのだろうか？

そのような暗いニュースを目の当たりにすると、私たちの多くは「国や行政はけしからん、政治家の無策が悪い」と嘆き、「一体誰がこんな社会にしたのか」と犯人探しに夢中になりがちである。そして「誰かが何とかしてくれないと俺たちは困るのだ」「このままでは〈失われた30年〉になってしまう」と、ただただ、スーパーヒーローの出現を待ち続けている。一方、「経済さえ成長すれば、貧困や孤立死はなくなるのではないか」と私たちは考えてしまいがちである。しかしそれは幻想であろう。小泉総理時代、日本は戦後最長の好景気であった。しかし、非正規労働者は増え続け、低所得者も増加。社会保障も削られ、格差は増大した。経済成長によって一部の人は恩恵を受けるかもしれないが、貧困や孤立死問題の根本的解決にはならないことは明らかである。

本書では「孤立死問題」を正面から扱っている。筆者は僧侶となって10年間で2000件を超える葬儀を経験している。いわゆる「身寄りのない」方の葬送支援を通じて「死」の問題に向き合うと同時に、いつ孤立死してもおかしくない孤立死予備軍の方に対して定期的な訪問活動（見回り）や自死念慮者からの相談などの「生きる支援」を行っている。私のもとには「孤立死が発生してしまった。すぐ来て欲しい」という依頼が、年間数十件ほどある。孤立死が起こってしまったウジやハエが飛び交う部屋に入り、遺体を弔うことは日常的にある。筆者である私に依頼をする方の大多数は、生活困窮者である。従って、故人の葬儀から遺骨の管理から部屋の片づけまで全て無償で行うことも多い。それらの現場経験をまとめたものが本書である。第2章以降では、孤立死問題に詳しい方々との対談を通じて、問題の打開策も探っている。

孤独死・孤立死という言葉がメディアを本格的に賑わせ始めたのは、最近の事である。それらの言葉の明確な違いは、未だ学会等でも明確にされていない。私は人間とは、本来、孤独なものであると考えている。だが、孤立は「年賀状が1枚も来ない」など、社会的な繋がりがないという意味で、より根が深く厄介であると考えている。従って本書では「孤立死」という言葉を統一して使っている。私は、ひとり誰にも看取られずに孤立の中で亡くなったからと言って、それは必ずしも不幸であるとは考えていない。私は末期がん患者の看取りの場である緩和ケア病棟（ホスピス）に勤務していた。大勢の家族に囲まれながら亡くなっても、その死に顔が苦渋に満ちているケースを私は数多く見てきた。人間の死亡率は１００％である。だが、死に至るプロセスは、人それぞれである。人は生きてきたように死んで逝く。どういう風に死んで逝ったかという死に方は、まさに生前の生き方そのものであったと数百名の患者さんの最期に立ち会った今、つくづく痛感している。

孤立死問題が社会的にクローズアップされ始めたのは、２０１０年にＮＨＫが放送した番組「無縁社会」の影響もあるだろう。家族・地域・会社といった「縁」が希薄化し、ひとり誰にも看取られずに亡くなる人が現代社会では後を絶たない。それらの現状をどのように考えれば良いのかと、孤立死問題に取り組む私のもとへ、番組ディレクターが何度も取材に訪れた。しかし、ＮＨＫが番組を放送するずっと前から、既に孤立死は全国各地で起こっていた。だが、孤立死の現実を、少なくとも我々は意識レベルで見ようとはしなかったし、見たいとも思わなかった。私が孤立死防止のために見回りをしている高齢者がよく言う。「まさか私が生活保護を受給するとは思わなかった」と。その方は元々、資産家であった。だが、病気や失業、家族とのトラブル等が重なり、結果的に生活保護になってしまった。今の時代、一歩歯車が狂えば、誰だって孤立無援状態に陥り、生活保護受給者になる可能性がある。それは先の大震災からも我々は学んだはずではないか。

以前、孤立死が多発している限界集落の団地で「孤立死の問題について考える集会をやりませんか？」と呼びかけたことがある。その時私は住民から「そんなもの止めろ」「団地の恥を外部にさらすな」と圧力がかかり、大バッシングを受けた。孤立死予備軍の住民自体が「臭いものには蓋をしろ」的な考えを持っている限り、問題解決には程遠い現実がある。しかし、それが現実である。その現実を直視することから始めなければならない。孤立死問題に関する限り、現状は悪化の一途である。私がいくら孤立死を防ごうと現場を駆けずり回っても、孤立死は今後、高齢化が進むにつれて、急速に増加していくだろう。社会が壊れていくスピードの方が圧倒的に速すぎるのだ。だが、マハトマ・ガンジーは、かつてこう言った。「あなたの行う行動がほとんど無意味だとしても、あなたはそれをやらなければならない。それはあなたが世界を変えるためではなく、あなた自身が世界によって変えられないようにするためだ」と。私は、現場を見てしまった者の責任として、指をくわえて惨状をただ見ている訳にはいかない。私には、無力でちっぽけな力しかない。そのことを認めた上で、それでも出来ることは少なからずあるはずだと信じている。まずは読者の皆さんに、私が見聞きしてきた孤立死の現場を語ることから始めたいと思う。それが亡くなって逝かれた方々の供養にもなると思うし、今生きている私たちの生き方を見つめなおす事にも繋がると思うから。

（本書の事例紹介にあたっては、全て遺族などの関係者の承諾を得ているが、一部、年齢等を意図的に変更し、個人を特定できないように配慮してある。また本書の印税は全て、孤立死対策推進のために寄付させていただくことを、予めご了承願いたい）

２０１３年２月

中下大樹

第1章

さまざまな孤立死の現場

「最大の悲劇は、悪人の暴力ではなく、善人の沈黙である。沈黙は、暴力の陰に隠れた同罪者である。問題になっていることに沈黙するようになったとき、我々の命は終わりに向かい始める」

マーティン・ルーサー・キング・ジュニア

「僕が死を考えるのは、死ぬためじゃない。生きるためなんだ」

アンドレ・マルロー

孤立の連鎖

夜中に電話が鳴った。私の経験上、深夜の電話はたいてい「緊急対応」の電話である。何だか嫌な予感がした。

電話をかけてきたのは精神疾患を患う40代後半の女性。かつて旦那の暴力で2人の子どもを連れて逃げ、野宿しているところを支援団体に緊急保護された。私が女性専用のシェルターを紹介した後、一緒にアパートを探し、生活の再建に向けてお手伝いをしてきた。現在は生活保護を受給しつつ、精神科に通院しながら社会復帰を目指しているはず。その矢先の電話であった。

「助けてください。母が孤立死しました。今、母のアパートに警察が来ていて……。もう、どうしてよいか分からない」

「やれやれ、またか」と心の中で呟きながら、私は孤立死が起こった現場に直行した。

私は年間50件以上の孤立死の現場に関わっている。と同時に、孤立死予備軍でいつ孤立死してもおかしくない方の見回りを常時30人ほど行っている。孤立死してしまっても、10日前後で発見出来るようにと、見回りは一人につき、月に2～3回の訪問ペースで行っている。

現場は東京郊外にある木造2階建てのアパート1DK。アパートの1階の一番奥の部屋で孤立死は起こった。私が到着した時点で既に遺体は警察が引きあげていたが、生ゴミが腐ったような強烈な匂いは、部屋の外にまで漂っていた。

「母とは折り合いが悪く、もう長年、口もきいていませんでした。私が旦那の暴力が原因でうつ病を患い、働けないことを責めるような人でした。だから、警察から〈あなたの母親が孤立死した〉と聞かされた時は、逆にホッとしてしまいました。でも現場を見ると、あまりにも凄まじくて。思わず怖くなって助けて下さいと電話してしまいました」と彼女は私の顔を見るなり、そうまくし立てた。私は了解を取り、部屋の中に入った。

故人が亡くなったのは和式トイレの中。もともと高血圧であった故人は、持病を抱えており、和式トイレでしゃがみ、力んだ時に何らかの形でトイレにうつ伏せになるような形で倒れこんでしまったようだ。遺体が腐敗し、その強烈な匂いを不審に思った近所の人が警察に通報し、孤立死と判明。私が懐中電灯でトイレのドアを照らし、ドアをほんの少しだけ開けると、ハエが一斉に飛び出してきた。ウジは光を嫌って、一斉に逃げ回り始めた。まさに「地獄絵図」。故人が亡くなったのが、初夏だったこともあり、蒸し暑い気候のためか、遺体の腐敗するスピードは速かった。人間の体液がどす黒く変色し、それがトイレ全体にこびりつき、床の上には大量のウジが蠢いていた。私は、つい先ほどまで故人が横たわっていたその場所で静かに合掌し、飛んでくるハエを払い、ウジを横目で見ながら短いお経を読み始めた。

年を重ねれば誰だって病気がちになる。高齢者となり一人で暮らしていれば、心疾患や脳血管疾患等で、いきなり「バタン」と倒れ、そのままあの世へ逝ってしまうということも、現実的に誰にでも「ありえる」話である。だが、多くの人は「自分が当事者になる」ということは、考えない。意識的に「考えないように」していると言った方がよいだろう。ただでさえ、死を忌み嫌い、死を「縁起でもない」と遠ざけ、死を語ることとすら、まだまだ「タブー視」されている現代社会。私たちの社会は「死」

を語れるほど、いまだ成熟していない。残念ながら孤立死は、「おひとりさま」の増加と少子高齢化に伴い、今後ますます、増え続けるだろう。厚生労働省の人口動態統計調査によると、2030年には、3人に1人が高齢者となり、日本の世帯の約4割が単身世帯（おひとりさま）になると言われている。団塊の世代（昭和22〜24年生まれ）は約700万人いると言われている。彼・彼女たちが今後、大量死していくのである。その時に、誰か傍にいてくれる人がいる人はいい。しかし、現実はどうであろうか？　2012年の年間死亡者は約124万人であり、新しく産まれてくる子どもの数は約103万人であった。日本の人口は2012年だけで自然に約21万人も減り続けている。そして2030年には年間170〜180万人が亡くなると言われている。

《厚生労働省「人口動態統計」より引用》

出生数及び合計特殊出生率の年次推移

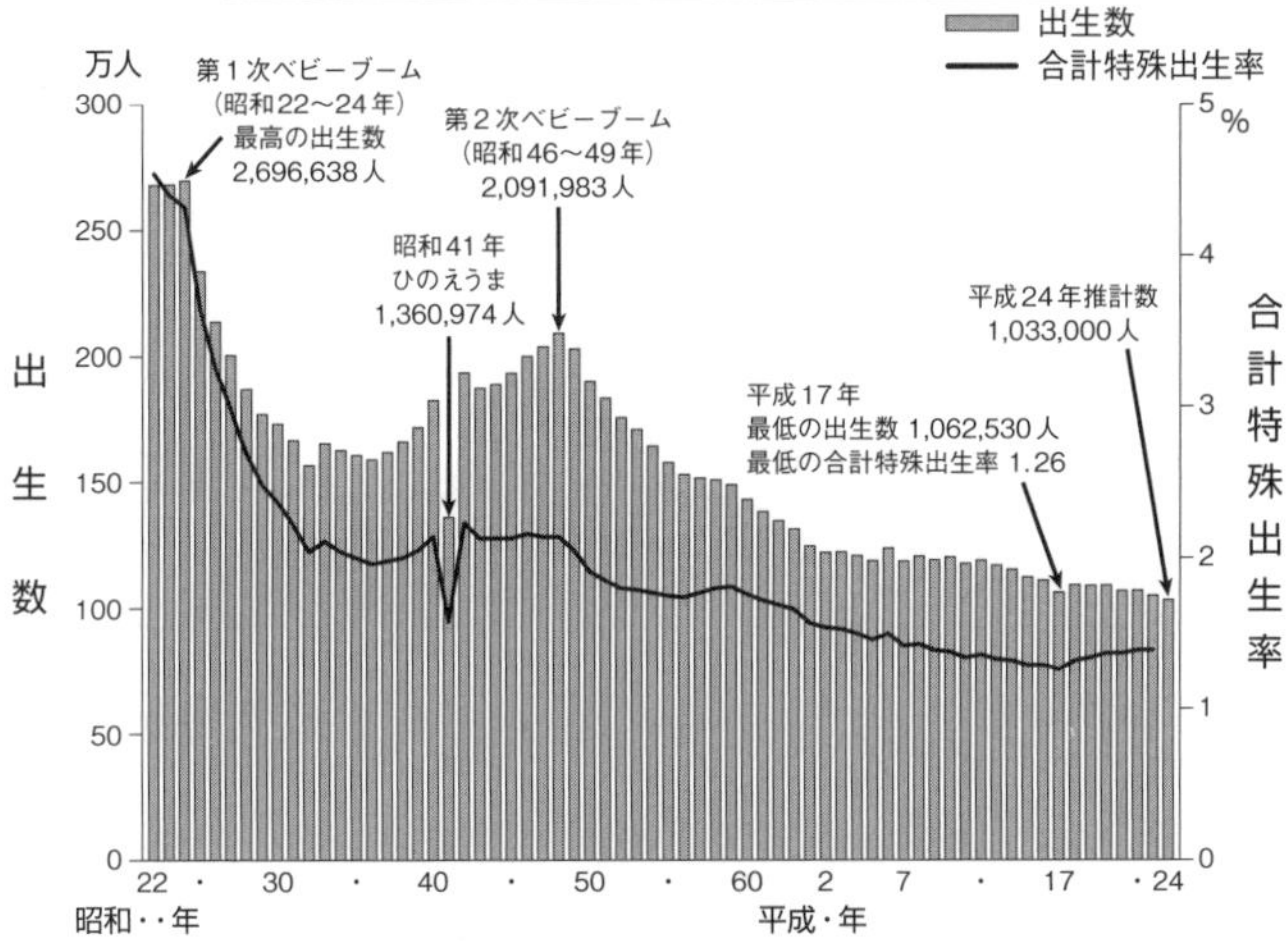

死亡数及び死亡率の年次推移

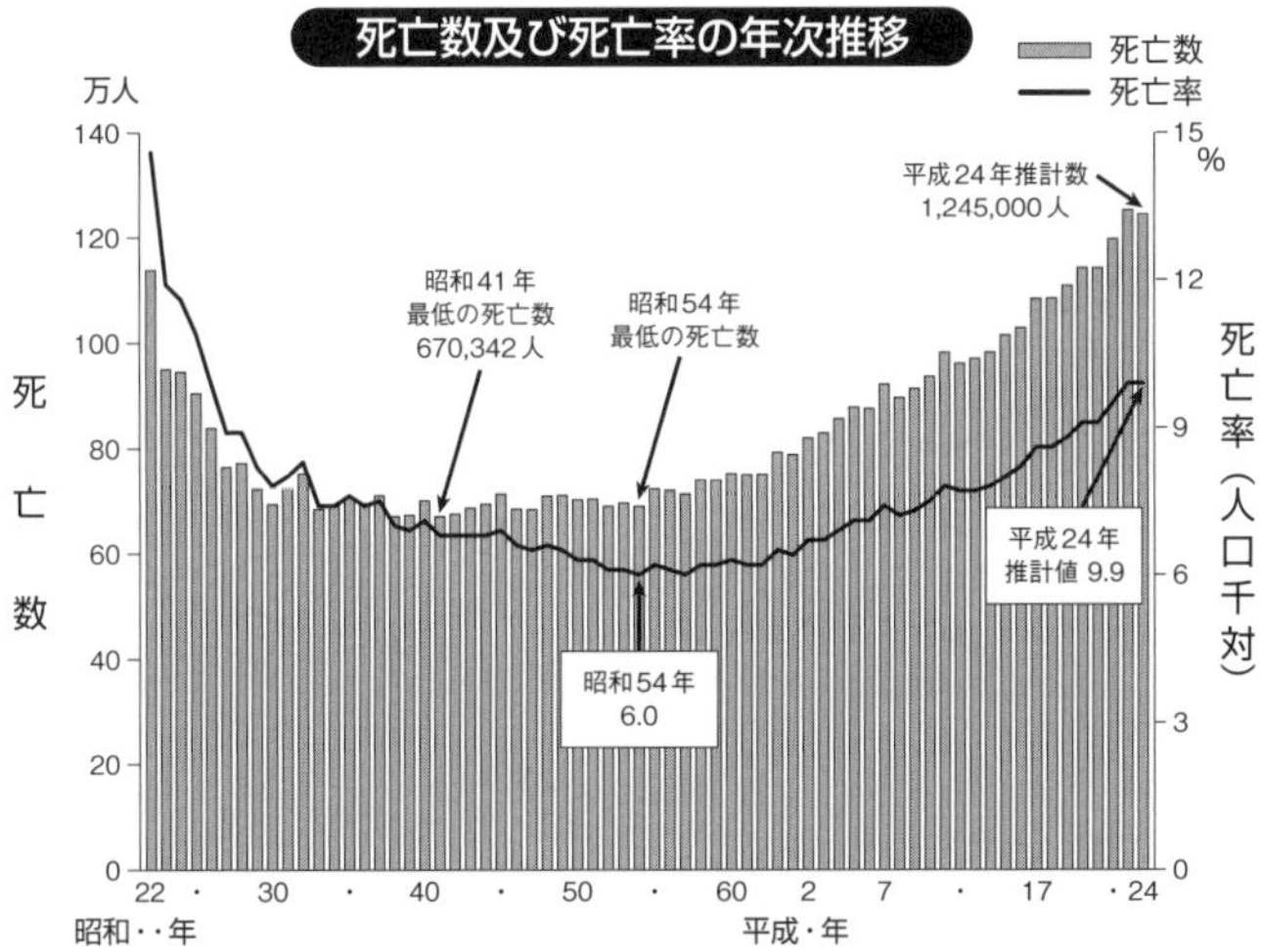

自然増減数の年次推移

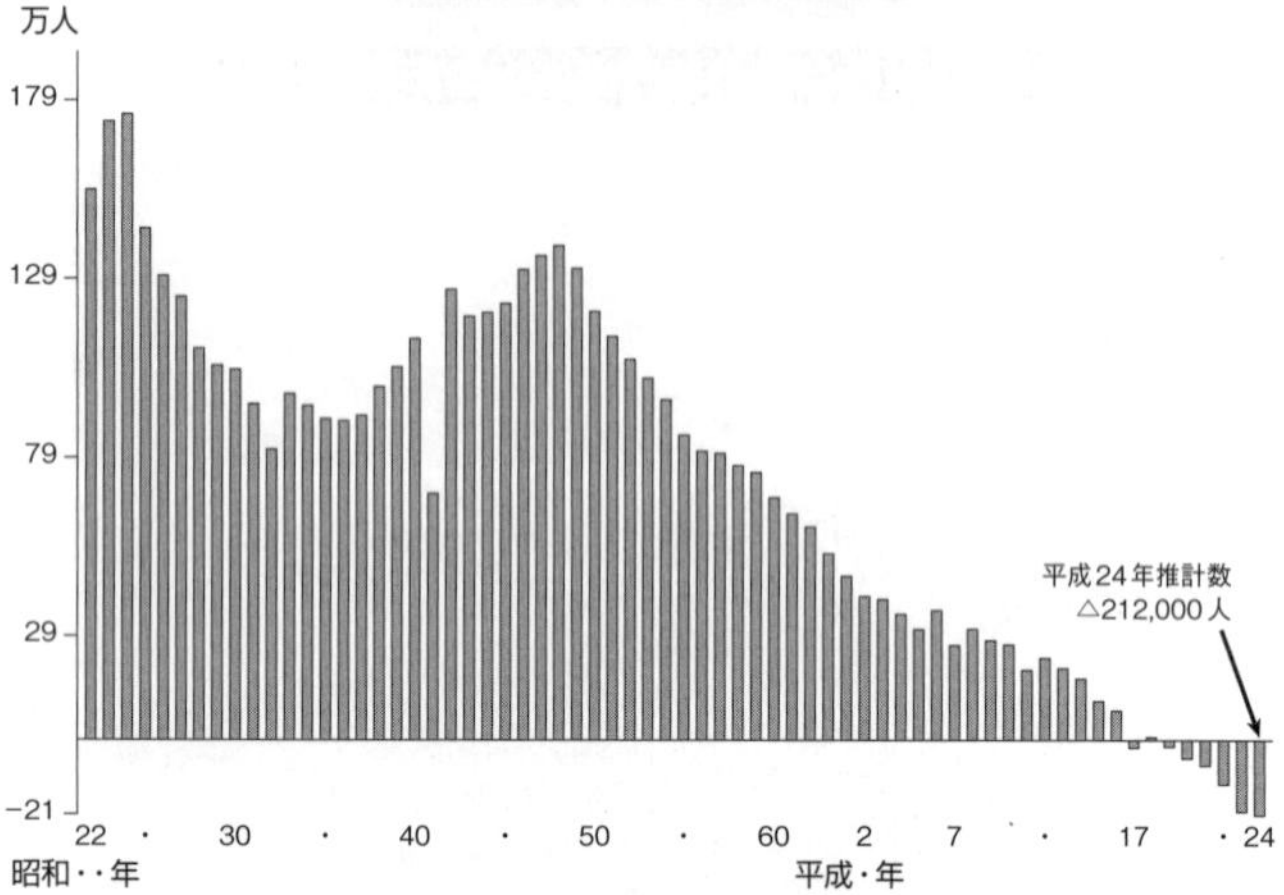

人口動態総覧の年次推移

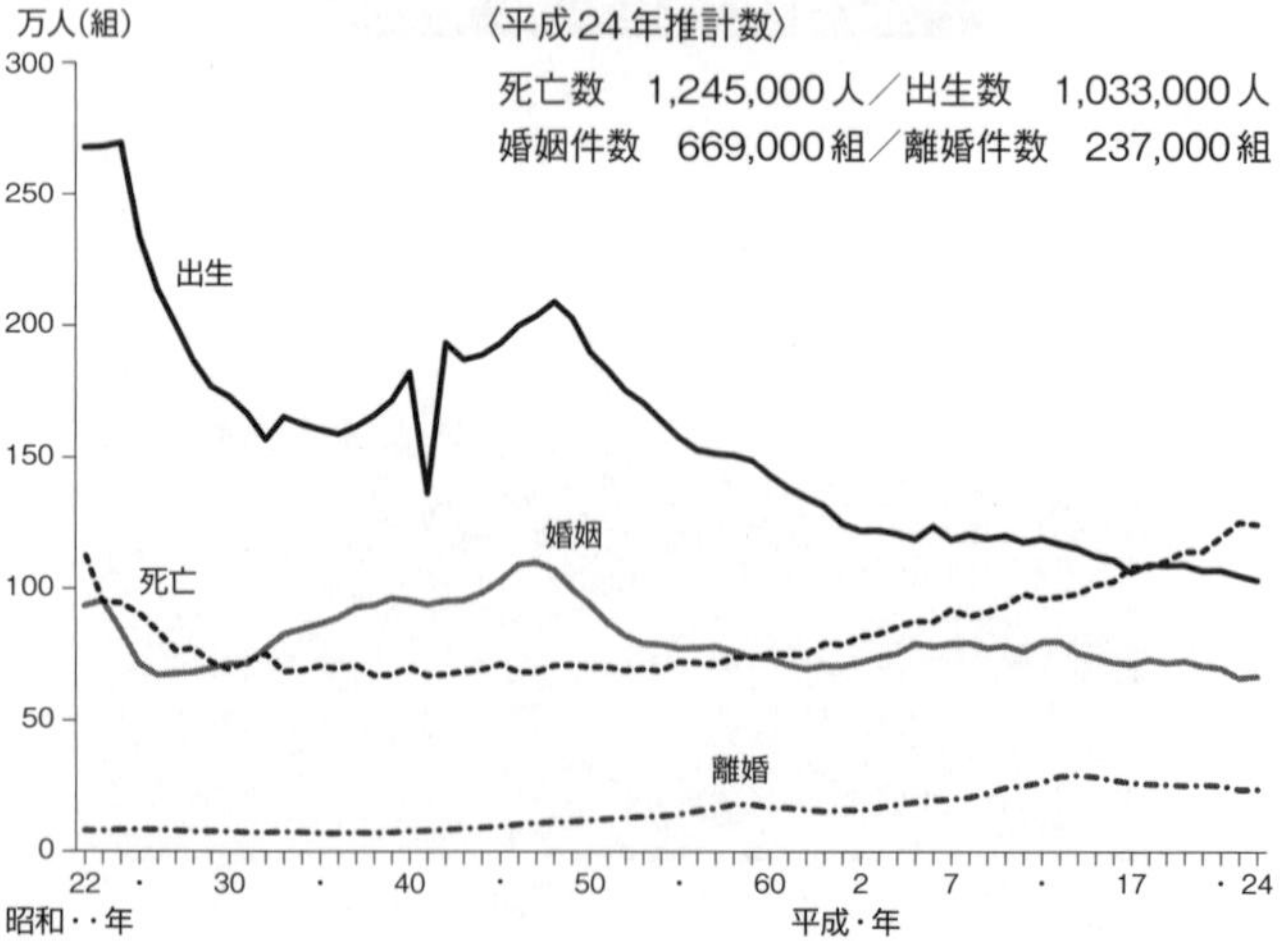

戦後の出生数／死亡数／婚姻件数

年次		出生数	死亡数	婚姻件数
1947	昭和22年	2,678,792	1,138,238	934,170
1948	23	2,681,624	950,610	953,999
1949	24	2,696,638	945,444	842,170
1950	25	2,337,507	904,876	715,081
1951	26	2,137,689	838,998	671,905
1952	27	2,005,162	765,068	676,995
1953	28	1,868,040	772,547	682,077
1954	29	1,769,580	721,491	697,809
1955	30	1,730,692	693,523	714,861
1956	31	1,665,278	724,460	715,934
1957	32	1,566,713	752,445	773,362
1958	33	1,653,469	684,189	826,902
1959	34	1,626,088	689,959	847,135
1960	35	1,606,041	706,599	866,115
1961	36	1,589,372	695,644	890,158
1962	37	1,618,616	710,265	928,341
1963	38	1,659,521	670,770	937,516
1964	39	1,716,761	673067	963,130
1965	40	1,823,697	700,438	954,852
1966	41	1,360,974	670,342	940,120
1967	42	1,935,647	675,006	953,096
1968	43	1,871,839	686,555	956,312
1969	44	1,889,815	693,787	984,142
1970	45	1,934,239	712,962	1,029,405
1971	46	2,000,973	684521	1,091,229
1972	47	2,038,682	683,751	1,099,984
1973	48	2,091,983	709,416	1,071,923
1974	49	2,029,989	710,510	1,000,455
1975	50	1,901,440	702,275	941,628
1976	51	1,832,617	703,270	871,543
1977	52	1,755,100	690,074	821,029
1978	53	1,708,643	695,821	793,257
1979	54	1,642,580	689,664	788,505
1980	55	1,576,889	722,801	774,702
1981	56	1,529,455	720,262	776,531
1982	57	1,515,392	711,883	781,252
1983	58	1,508,687	740,038	762,552
1984	59	1,489,780	740,247	739,991
1985	60	1,431,577	752,283	735,850
1986	61	1,382,946	750,620	710,962
1987	62	1,346,658	751,172	696,173
1988	63	1,314,006	793,014	707,716
1989	平成元年	1,246,802	788,594	708,316
1990	2	1,221,585	820,305	722,138
1991	3	1,223,245	829,797	742,264
1992	4	1,208,989	856,643	754,441
1993	5	1,188,282	878,532	792,658
1994	6	1,238,328	875,933	782,738
1995	7	1,187,064	922,139	791,888
1996	8	1,206,555	896,211	795,080
1997	9	1,191,665	913,402	775,651
1998	10	1,203,147	936,484	784,595
1999	11	1,177,669	982,031	762,028
2000	12	1,190,547	961,653	798,138
2001	13	1,170,662	970,331	799,999
2002	14	1,153,855	982,379	757,331
2003	15	1,123,610	1,014,951	740,191
2004	16	1,110,721	1,028,602	720,417
2005	17	1,062,530	1,083,796	714,265
2006	18	1,092,674	1,084,450	730,971
2007	19	1,089,818	1,108,334	719,822
2008	20	1,091,156	1,142,407	726,106
2009	21	1,070,035	1,141,865	707,734
2010	22	1,071,304	1,197,012	700,214
2011	23	1,050,806	1,253,066	661,895
2012	24	1,033,000	1,245,000	669,000

死は誰にでも平等に訪れる。だからこそ、「その時」の対応を、元気なうちから準備しておいた方がよいと、私は繰り返し述べてきた。そのために、集会を開催し、本を書き、政治家や行政への政策提言も行い、くり返しくり返し、世論に訴えてきた。しかし、しかしだ。現実は良くなるどころか、悪くなる一方だ。私がいくら現場をかけずり回り、孤立死対策に走り回っても、社会が壊れていくスピードの方が圧倒的に速すぎるのだ。孤立死の現場に立ち会うたび、そんな無力感を私はひしひしと感じるのであった。

故人の火葬を終え、私は遺骨を抱えて彼女の住む2DKのアパートに向かった。彼女は言った。「汚い部屋で恐縮なのですが……」そう言って、玄関のドアを少し開けた。その瞬間、コンビニのビニール袋のような物がガサガサとドアの隙間から落ちてきた。ドアを開け、玄関に入ると、目を疑った。腰の高さにまでゴミが積まれているのである。2人の子ども達は、何事もなかったように、そのゴミの山を登って、自らの部屋に入っていった。私は、ゴミの山を一歩一歩上るたびに、足の裏に生温かい物体の感触を感じながら、奥の部屋の箪笥の上にスペースを無理やり作り、そこに遺骨を置いた。そして持ってきた線香と香炉を用意し、簡単な祭壇を作り、手を合わせ、読経を終えた後、彼女の話に耳を傾けた。

「私がうつ病で昼間から部屋で1日中寝ているから、子ども達も学校に行かず、もう何年も家で引きこもるようになってしまいました。子ども達は16歳と15歳の女の子。今が一番大事な時期なのに、朝から晩まで、ゴミの中で暮らして、ずっと無表情のままテレビを見て暮らしています。トイレにも行くことすら面倒になり、今ではペットボトルの中に放尿して済ましています。何処で歯車が狂ってしまったのか。これからどうやって生きていけばよいのか分かりません」

姉妹は火葬の間も、無表情のままで、一切の感情を表に出すことはなかった。祖母が孤立死したというショック状態がそうさせていると当初は思っていた。しかし、何度私が話しかけても表情の変化が全くなかったのである。言葉も発せず、ひたすら能面のような無表情のままなのだ。数時間一緒にいて、一言も言葉を発しないのだ。怒ることも笑うことも全ての感情を失ってしまっているかのようだった。おそらく、他人と言葉を交わすということすら長い間、行っていないので、どんな風に話せばよいのか分からなかったのだろう。

姉妹が寝ている布団の両脇を見ると、真っ黒に変色し、強烈なアンモニア臭を発するペットボトルが放置されてあった。姉妹たちは部屋に戻るなり、さっさとベットの上でテレビを見始めた。祖母の遺骨にはまるで関心がないようであった。

「ゴキブリとネズミが凄いんです。近所からも部屋が臭いから何とかしろとクレームを言われています。でも、何も片づける気が起きないんです。もうどうでもいい。どうにでもなれって。いっそ、このまま死んでしまいたい。死んだら楽になれるのかな。生きていても苦しいことばかり。いっそのこと、誰か殺してくれないかな。でも、なかなか死ねないんです。死にたいのに、死ねないんです。私の母親のように、一家全員で孤立死できればいいんだけど、それすら出来ないんです。未来なんて、どこにもない」

２０１２年1月、札幌市白石区で42歳の女性と40歳の知的障害を持つ姉妹が同居した部屋の中で餓死・孤立死した事件は記憶に新しい。42歳で亡くなった長女は何度も生活保護の相談に役所に通っている。だが、生活保護は受け入れられず、結局、部屋で亡くなり、知的障害のある妹は携帯電話で外部にＳＯＳを発信しようとしたが、うまく掛けることが出来ず、部屋で二人とも孤立状態のまま亡くなってしまったのである。単身世帯がひとり誰にも看取られず孤立死する時代から、家族が同じ部屋で生活していても孤立死してしまう時代に私たちは生きている。私は前記の母親が仮に部屋の中で孤立死してしまった場合、娘である姉妹たちが、その部屋でそのまま餓死してしまう可能性が高いのではないかと考えている。姉妹たちが、自分達自身の力で助けを求めようとか、生きていたいという人間本来が持つエネルギーを、私は全く感じることができないからだ。

その後、役所の福祉課はもちろん、各種地元の支援団体にも協力を求め、私自身も法要を兼ねて定期的に自宅へ訪問を月に何度も繰り返し、粘り強く三人と対話を重ねているものの、事態に大きな変化は未だ見られていない。

ひとり暮らし高齢者の近隣住民による支援に対する意識

= 東京都葛飾区 =

菅野道生（岩手県立大学 社会福祉学部）

東京都葛飾区におけるひとり暮らし高齢者生活実態調査のなかから、ひとり暮らし高齢者の近隣住民による支援に対する意識についてのデータを紹介する。

【調査対象】

2008（平成20）年度における「ひとりぐらし高齢者毎日訪問事業」の全利用登録者1197名。

事業の対象者は「葛飾区内に住所を有する、70歳以上の在宅のひとり暮らしの高齢者で、おおむね500m以内に2親等以内の親族がいない者」。

【調査の実施概要】

調査期間：2008年10月の1ヶ月間

配布数：1010名

回収数：934ケース

有効回収数：927ケース

有効回収率：91.7%

図-1 近隣住民による支援に対する抵抗感

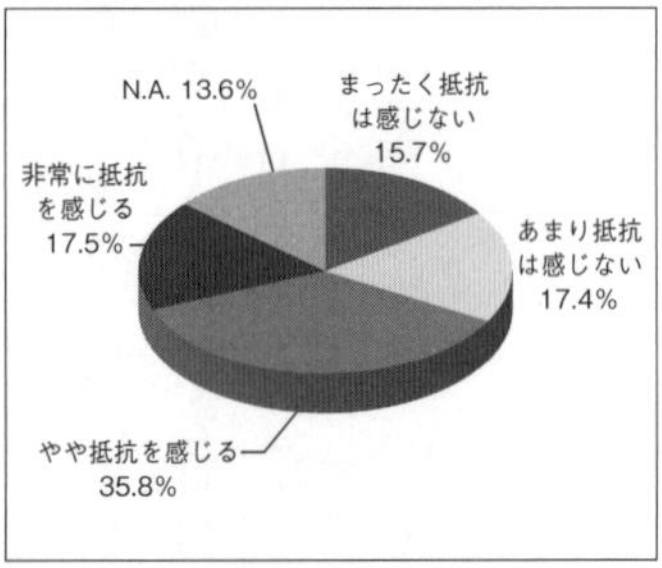

調査では「ご近所の人にゴミ出しや家事の手伝い等を頼むことに抵抗を感じますか」という設問をおいた。図1によると、「まったく抵抗を感じない」は15.7%、「あまり抵抗を感じない」は17.4%となっており、両者を合わせた「抵

抗を感じない」人は約3割ということになる。一方「やや抵抗を感じる」は35.8%、「非常に抵抗を感じる」は17.5%である。両者を合わせると「抵抗を感じる」人は5割以上となり、全体としては近所の人に支援を依頼することに対する抵抗感は大きいという結果となった。これについて、「やや抵抗を感じる」、「非常に抵抗を感じる」と回答した人に、その理由をたずねたところ、「人に迷惑をかけたくないから」が81.2%と大部分を占めた。

高齢でひとり暮らしとなってもなるべく人に頼らず、可能な限り自立的に生活したいと願うことは自然な感情であろう。しかしこうした感情は時として公私にかかわらず様々な福祉的支援に対して抑制的な姿勢につながることも考えられる。

生活上の困り事や支援を必要とする状況を持ちながらも、支援を求める声をあげようとしない、またはあげられない人々に、その尊厳を尊重しつつどのようにアプローチしていくかは、地域における孤立問題対策にとっての重要課題である。ここからは、このような近隣住民からの支援に対する抵抗感を持つ人々には、どのような特徴があるのかを見ていくことにしたい。

■ 近隣住民による支援に対する抵抗感を持つひとり暮らし高齢者の特徴

まず年齢階層別の集計では70歳代では「抵抗感あり」との回答が7割を占めたが、80歳代では約6割、90歳代では約5割で、年齢が高くなるにつれて抵抗感は低くなっている（**表-1**）。若い年齢階層ほど抵抗感が強い。なお、性別では抵抗感に有意な関係は見られなかった。

表-1 年齢階層別近隣住民による支援に対する抵抗感

	抵抗感の有無					
	抵抗感なし		抵抗感あり		合計	
	実数	%	実数	%	実数	%
70歳代	93	30.6%	211	69.4%	304	100.0%

80 歳代	180	42.2%	247	57.8%	427	100.0%
90 歳代	30	48.4%	32	51.6%	62	100.0%
合計	303	38.2%	490	61.8%	793	100.0%

$p<0.05$

日常生活の困りごとと抵抗感の有無についてのクロス集計では、ほとんどの項目で抵抗の有無に目立った差異はなかった（**表－2**）。しかし「話し相手がいないこと」との回答者においては、他の項目に比べて「抵抗あり」の回答者の比率が目立って高い。話し相手がいない者ほど抵抗感が高くなる傾向がうかがわれる。

表－2 日常生活の困りごと別近隣住民による支援に対する抵抗感

	抵抗感の有無					
	抵抗感なし		抵抗感あり		合計	
	実数	%	実数	%	実数	%
バスや電車、車を使って外出すること	69	39.9%	104	60.1%	173	100.0%
買い物	65	38.0%	106	62.0%	171	100.0%
掃除・洗濯	55	35.7%	99	64.3%	154	100.0%
食事の準備	39	35.5%	71	64.5%	110	100.0%
銀行預金などの出し入れ	31	38.3%	50	61.7%	81	100.0%
入浴	32	37.6%	53	62.4%	85	100.0%
区役所等での手続き	57	31.3%	125	68.7%	182	100.0%
通院・薬とり	41	32.8%	84	67.2%	125	100.0%
話し相手がいないこと	15	19.5%	62	80.5%	77	100.0%
特に困っていることはない	122	41.4%	173	58.6%	295	100.0%
その他	19	38.8%	30	61.2%	49	100.0%
N. A.	19	48.7%	20	51.3%	39	100.0%
合計	307	38.3%	494	61.7%	801	100.0%

$p<0.05$

また健康状態について「非常に健康」と回答した者では「抵抗感あり」の割合が45.7%なのに対して、「やや弱い」では67.6%、「非常に弱い」では71.1%と高い割合を示している（**表－3**）。ここからは、健康状態についての自己評価が低い者ほど、近隣住民に支援を依頼することに対して消極的になりやすいという傾向がみてとれる。

表－3 健康状態についての自己評価別近隣住民による支援に対する抵抗感

	抵抗感の有無					
	抵抗感なし		抵抗感あり		合計	
	実数	%	実数	%	実数	%
非常に健康	19	54.3%	16	45.7%	35	100.0%
普通	155	43.2%	204	56.8%	359	100.0%
やや弱い	99	32.4%	207	67.6%	306	100.0%
非常に弱い	24	28.9%	59	71.1%	83	100.0%
合計	297	37.9%	486	62.1%	783	100.0%

$p<0.05$

社会的孤立状態と近隣住民からの支援に対する抵抗感との関係はどのようなものであろうか。ここでは「病気等の緊急時にすぐに来てくれる人がいるかどうか」を社会的孤立状態の指標の一つとして捉え、それと抵抗感との関係を見てみたい。**表－4**によると、支援者がいる者では「抵抗感あり」は57.3%であるが、いない者では78.5%となっており、これらの項目間には統計的にも有意な関連がみられた。このことから緊急時の支援者のいない者の方が、抵抗感も強い傾向があるといってよい。

表－4 緊急時の支援者の有無別近隣住民による支援に対する抵抗感

	抵抗感の有無					
	抵抗感なし		抵抗感あり		合計	
	実数	%	実数	%	実数	%
いる	270	42.7%	362	57.3%	632	100.0%
いない	31	21.5%	113	78.5%	144	100.0%
合計	301	38.8%	475	61.2%	776	100.0%

$p<0.05$

月額収入ごとの抵抗感の有無では、若干の差があるものの全体として有意な関連は見られなかった。一方で、経済状況についての意識との関係を見てみると、「かなり苦しい」と回答した者では「抵抗感あり」が８割を超え、他の項目に比べて明らかに突出している（表－5）。全体的にみても、経済的により苦しいと感じている者ほど抵抗感が高くなった。

表－5 経済状況についての意識別近隣住民による支援に対する抵抗感

	抵抗感の有無					
	抵抗感なし		抵抗感あり		合計	
	実数	%	実数	%	実数	%
かなり余裕がある	5	35.7%	9	64.3%	14	100.0%
やや余裕がある	42	53.8%	36	46.2%	78	100.0%
余裕はないが生活していくには困らない	187	40.0%	281	60.0%	468	100.0%
やや苦しい	50	32.1%	106	67.9%	156	100.0%
かなり苦しい	11	19.0%	47	81.0%	58	100.0%
合計	295	38.1%	479	61.9%	774	100.0%

$p<0.05$

以上の、近隣住民に支援を依頼することへの抵抗感についての分析を通じて得られた主な特徴を要約すれば、①年齢では比較的若い層で、②健康面での自己評価が低い、③緊急時の支援者がいない、④また経済的な状況に厳しさを感じている人ほど近隣住民による支援に対して抵抗感を感じやすいということになろう。

このように社会的孤立状態にあり、また健康面や生活面での不安定さを持つ人は近隣住民による支援に対する抵抗感も高くなる傾向にあるということが、今回の分析を通じて明らかとなったひとり暮らし高齢者の意識の特徴である。

（出所：葛飾区社会福祉協議会（2009）「東京都葛飾区におけるひとり暮らし高齢者の生活と意識ー「ひとり暮らし高齢者毎日訪問事業」利用者調査報告書ー」より一部抜粋）

◆コラム◆　孤立死対策、東京都足立区の事例

都営住宅の超高齢化や孤立死など問題を抱えている足立区では2012年12月に、「足立区孤立ゼロプロジェクト推進に関する条例」が可決され孤立死対策に乗り出した。先行調査として介護保険サービスを利用しているものを除く、七十歳以上の単身世帯・七十五歳以上のみで構成される世帯に対して、「十分程度の世間話をする頻度」や「生活に困った際に相談できる相手がいるか」などの訪問聴取調査を実施する予定だ。

人と十分程度の会話をする頻度が一週間に一回未満の状態並びに日常の困りごとの相談相手がいない方を孤立状態と位置付け、本人から拒否の申し出がない方に対して寄り添い支援員（町会自治会・民生委員など区に登録した団体や個人）が訪問して日常会話を交わして体調や悩みごとの相談や地域活動への参加を促すなどの活動を行う。

将来的には、気づく（調査）→つなげる（地域包括支援センター・福祉事務所等）→寄り添う（あんしん協力員・民生委員・ボランティア等）→居場所をつくる（老人クラブ・NPO・住区センター等）→社会参加へ（生涯学習・NPO・ボランティア・町会自治会・老人クラブ等）、という流れで、行政の縦割りを越えて官民一体となった孤立に寄り添う社会を目指す。

貧困問題に取り組む小椋修平足立区議は、「これまで様々な生活相談を受けてきて、誰にも相談する人がいない、人との関わりが少なく孤立している人が非常に多いことを実感してきた。既存の地域コミュニティの再生と同時に、生活困窮者支援NPOが実施しているように、いつでも出入り自由のゆるやかに人と関わる居場所や寄り添い型支援が重要だ。」と語る。

足立区における不審死の状況について（平成23年12月）

東京都監察医務院から提供されたデータを基に足立区における不審死の状況について。

■ 単身高齢者の不審死の状況

東京都監察医務院において、平成21年中に不審死により検案された区民は1,059人、このうち65歳以上は671人。

この671人中、自宅で亡くなった方が374人、そのうち単身者は186人。

【自宅で死亡した単身高齢者の発見者】

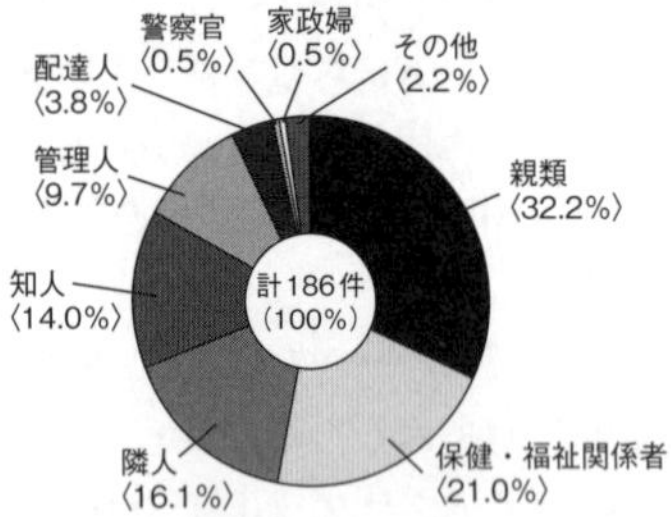

【自宅で死亡した単身高齢者の死亡推定日から検案までの日数】

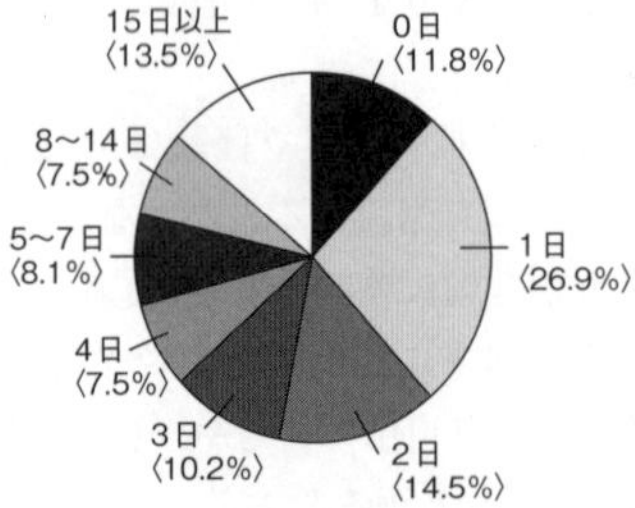

高齢社会の進行、生活様式の多様化等に伴い、単身高齢者や高齢者のみの世帯が増加している。

孤立死は悪いことですか?

「孤立死防止のための見回り活動なんて、全く意味がない。家族の規模が小さくなり、自治会も自然消滅し、ますます地域の繋がりが希薄化するにつれて、孤立死なんて当然起こる。全ては自己責任でしょう。あなたのやっていることは、砂漠に水を撒くようなものだ。この東京砂漠という大都会にいくら水を撒いても、現実は干からびたまま。あなたの活動は、何の意味もないし、現実は何も変わらないから、やめた方がいい」

ここは単身高齢者ばかりが集い「限界集落」と呼ばれる新宿区内にある都営団地。団地の一室で死後2ヶ月の高齢者の遺体が発見された。孤立死が多発する団地で、孤立死問題を団地の住民同士で話し合い、対応を考えませんか? と私が呼び掛けた時に住民から言われた言葉である。

また別の人からは「ああ、死後2ヶ月ですか。私には関係ありませんから」と、90歳を過ぎた孤立死予備軍であると思われる単身高齢者から言われたこともあった。また別の人からは「寝た子を起こすな」とも言われ、私はひどくショックを受けた経験がある。住民のためによかれと思って行動したことが、逆に非難の対象となってしまったことに、私は非常に戸惑ってしまった。だが、冷静に考えてみれば、無理もない。孤立死予備軍である当事者ほど、現実は見たくないし、見ることを避けたがるのは世の常である。

そもそも、「孤立死は悪いこと」なのだろうか?

私は以前、緩和ケア病棟（ホスピス）で末期がん患者さんの看取りに従事していた。そこで学んだことは、「人は生きてきたように死んでいく」「逝き方＝生き方」であるということであった。あなたが人生最期の時、家族に囲まれて穏やかな最期を迎えたいと望むのであれば、今というこの瞬間、家族との関係が良好でなければならない。普段から疎遠で仲が悪い家族が、「その時」になって急に家族関係が良くなるというケースは皆無に等しい。死ぬ間際になって看取る者・看取られる者の関係が良好な場合は、それは病気になる前から良好だったのである。つまり、人は生きてきたようにしか死ねないのだ。さらに言うと、数百名の看取りを通じて、私は病院内で大勢の家族に囲まれながらこの世を去っていくことが善であり、誰にも看取られずにひとり孤独の中で亡くなっていくことが悪であるとは全く考えていない。大勢の家族に囲まれていて亡くなっても、その顔の表情が険しいままだったケースもたくさん見てきた。患者が亡くなった直後、まだ生温かい遺体のすぐ傍で、患者の長男次男が遺産相続のために、殴り合いの喧嘩を始めたこともあった。一方、独り誰にも看取られずに亡くなった方であっても、その死に顔は安らかで穏やかな表情であったケースもたくさん見てきた。何十年と生きてきたその人の「死に様」だけを見て、良い悪いと外部の人間が決めつけることは、避けるべきであろう。

同様に、「孤立死」したからと言って、その死を「哀れ」と決めつけるのは問題である。先人達の死は、残された者・後人達の務めである。それらを継承しながら、人は先祖代々に渡って生きてきた。死は自然な営みである。身体は独りであったとしても、精神状態まで独りを感じていたかどうかは外部の人間は分からない。

しかしながら、住み慣れた家や部屋の中で、一人きりで死んでいくことは悪いことではないとしても、孤立死が起こってしまった場合の多くは、警察が介入する死であることに変わりはない。そして、孤立死が起こってしまったアパートやマンションの部屋に、あなたは住民として新しく入居したいと思うだろうか？　アパートの2階で孤立死が起こった場合、孤立死した場所にもよるが、階下に腐敗した遺体の体液がシミとなって伝わり、天井から雨漏りのような形で垂れてくる場合がある。そうなってくると、もう階下の人は住むことが出来ない。ウジやハエが飛び交うその部屋の隣人たちは、その匂いだけで転居してしまうかもしれない。結果として、大家さんは保証人に対して、損害賠償請求を行う時もあるだろう。孤立死が起こってしまった物件は「事故物件」となる。そうすると家賃も下がり、その物件の資産価値自体も大幅に下がる。もともと全国的に空き家が増えている中、孤立死が起こった物件は、新しい借り手がなかなか見つからないという悪循環に陥る。アパートの大家さんは、家賃収入でもう食べていくことが出来なくなるかもしれない。それは、部屋を借りる側・貸す側にとって両者共に不利益を被ることでもある。孤立死が起こってしまった場合、その周辺全域が地盤沈下するのだ。そして国家レベルの視点で見ると、孤立死問題を放置することは、国益そのものを損ねることに繋がる。問題を放置しておけばおくほど、誰も幸せにならないことは明らかであろう。

私が見回りをしている80代の女性が、「となりの部屋から変な匂いがする」と声をかけてきた。大家さんと警察と連絡して部屋の中に入ると、うずくまる様にして倒れたままの中高年男性の姿が見つかった。息を引き取る瞬間、苦しかったのであろう。その死に顔は入り口ドアの方向に向けられており、最期の最期まで、ドアの外にいる誰かに対して助けを求めているかのようにも感じられた。僅かに開いた口の周りをハエが飛び交っていた。その口は何を叫んでいたのか。遺体は既に肉が溶け、白骨化し始めていた。予想以上に遺体の損傷が激しく、大量のウジやハエが飛び交っている姿から、死後、かなりの時間が経っていることが容易に推測された。警察が故人の親族を調べて連絡すると、親族は「関わりたくない」と言い、関わりを拒否した。結局、私が火葬にひとりで立ち会い、遺骨も私が無償で引き取ることになった。孤立死が起こった部屋のあと片づけは、大家さんが「お金がない」とのことで孤立死発生から2年近くたった現在でも、未だ出来ていない。風呂なし、トイレ共同の六畳一間のその部屋の中には、食べ終えたコンビニの弁当箱や酒びん、競馬新聞が変色した状態で今もそのままの状態で放置されている。（中下撮影写真参照）

一日中締め切った古びたカーテンの中は、昼間でも裸電球のスイッチを入れないと薄暗い。その部屋を見て大家さんは「遺品整理業者に片づけを依頼すれば、数十万円かかるとのこと。その費用は誰が負担すべきなのか」とやりきれない表情のまま語った。

参考資料
内閣府「高齢者の生活実態に関する調査（平成23年）」ほか

http://www8.cao.go.jp/kourei/whitepaper/w-2012/zenbun/s1_2_6_05.html

会話の頻度（電話やメールを含む）

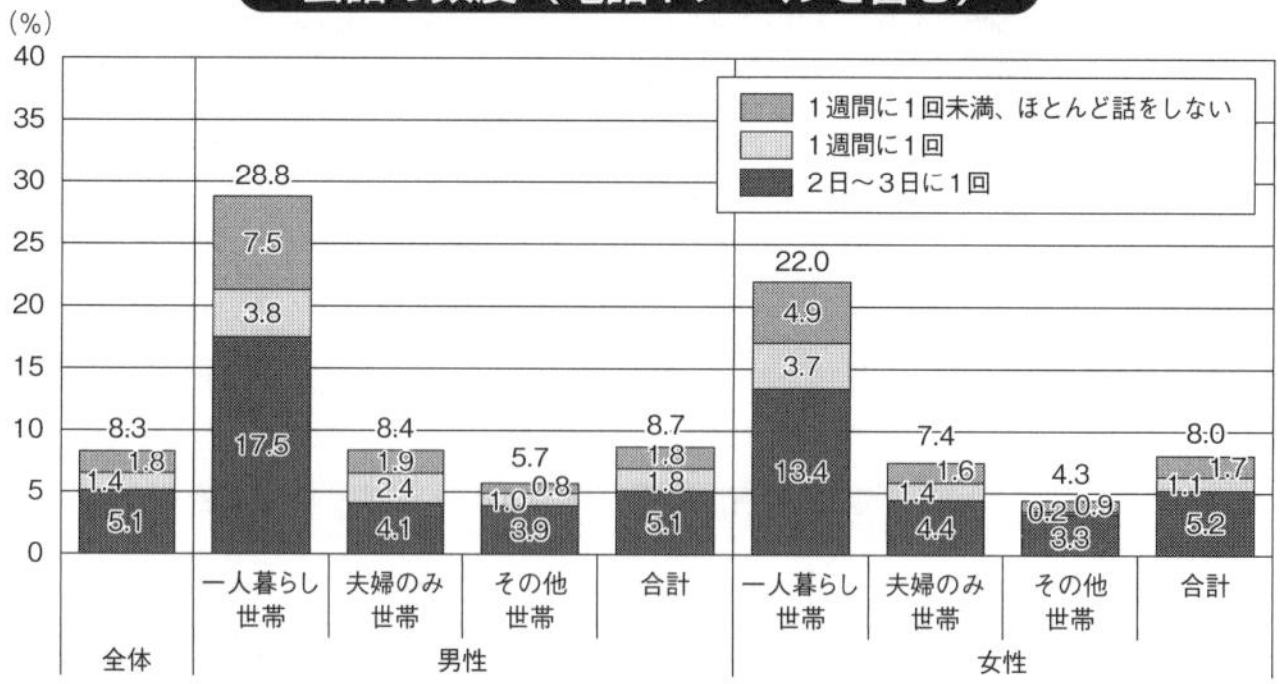

資料：内閣府「高齢者の経済生活に関する意識調査」（平成23年）
（注1）対象は、全国60歳以上の男女
（注2）上記以外の回答は「毎日」または「わからない」

近所づきあいの程度

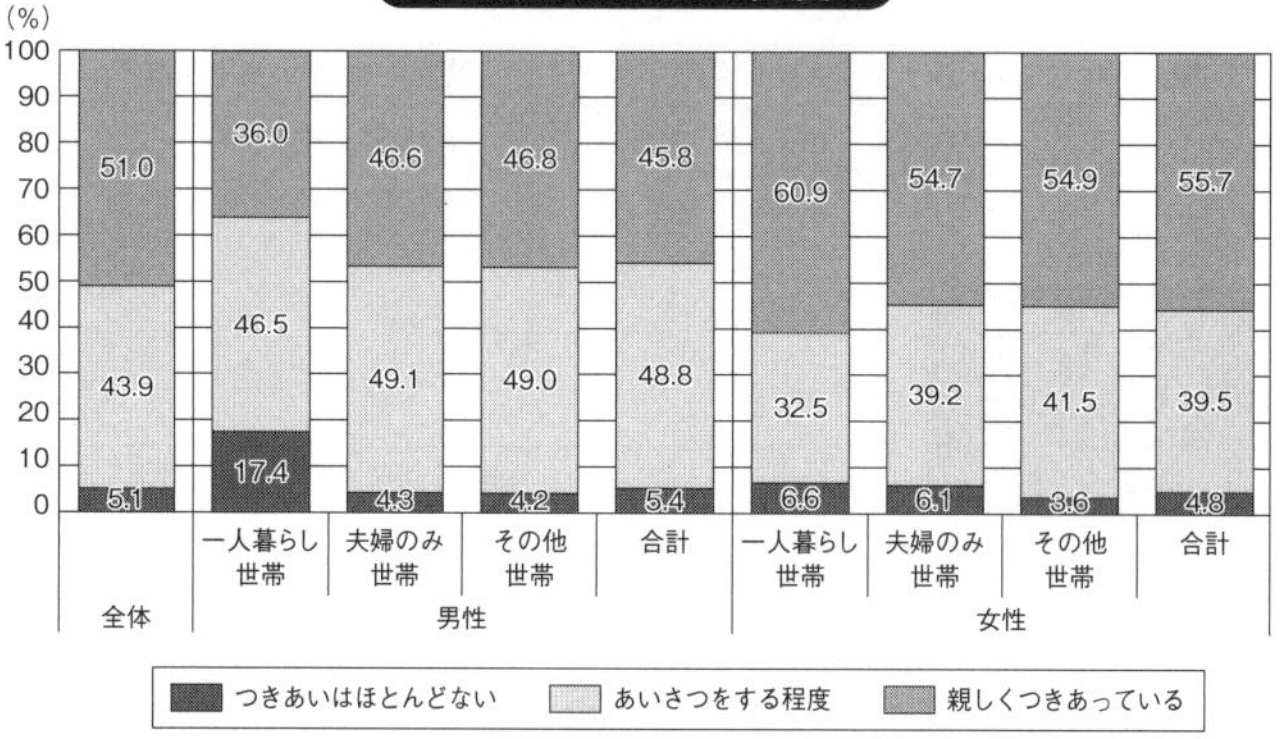

資料：内閣府「高齢者の住宅と生活環境に関する意識調査」（平成22年）
（注）対象は、全国60歳以上の男女

困ったときに頼れる人がいない人の割合

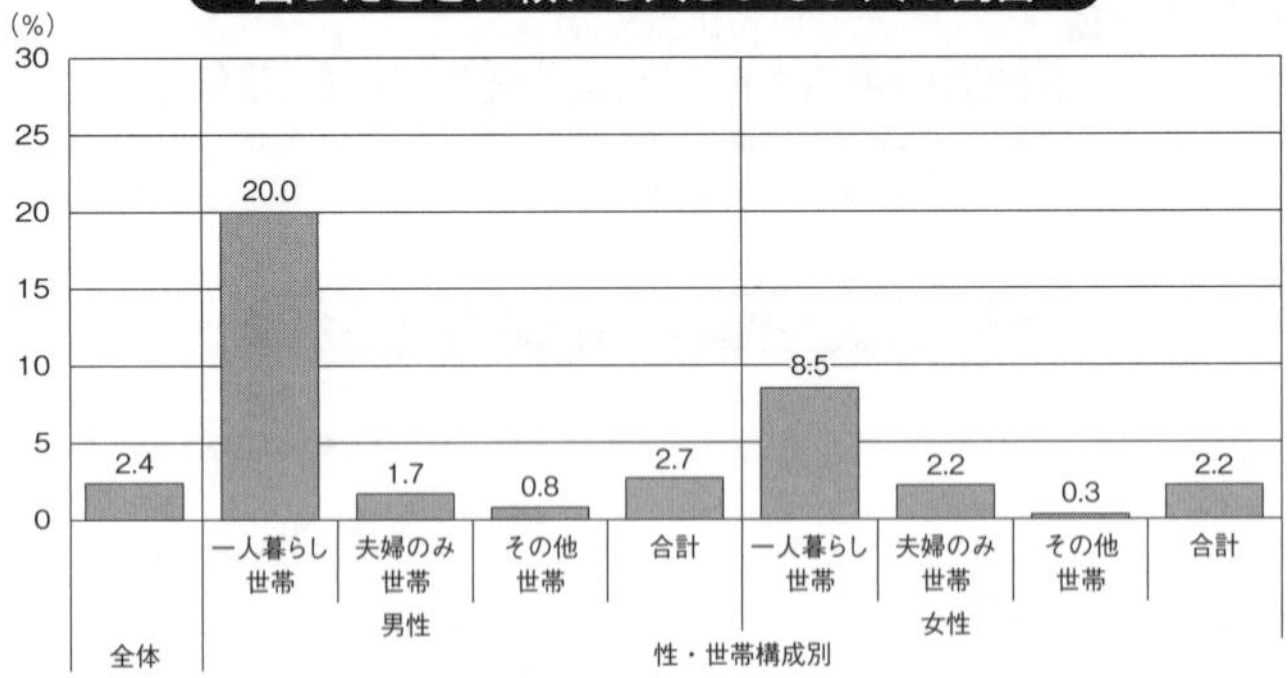

資料：内閣府「高齢者の経済生活に関する意識調査」（平成23年）
（注）対象は、全国60歳以上の男女

孤独死*を身近な問題と感じる者の割合

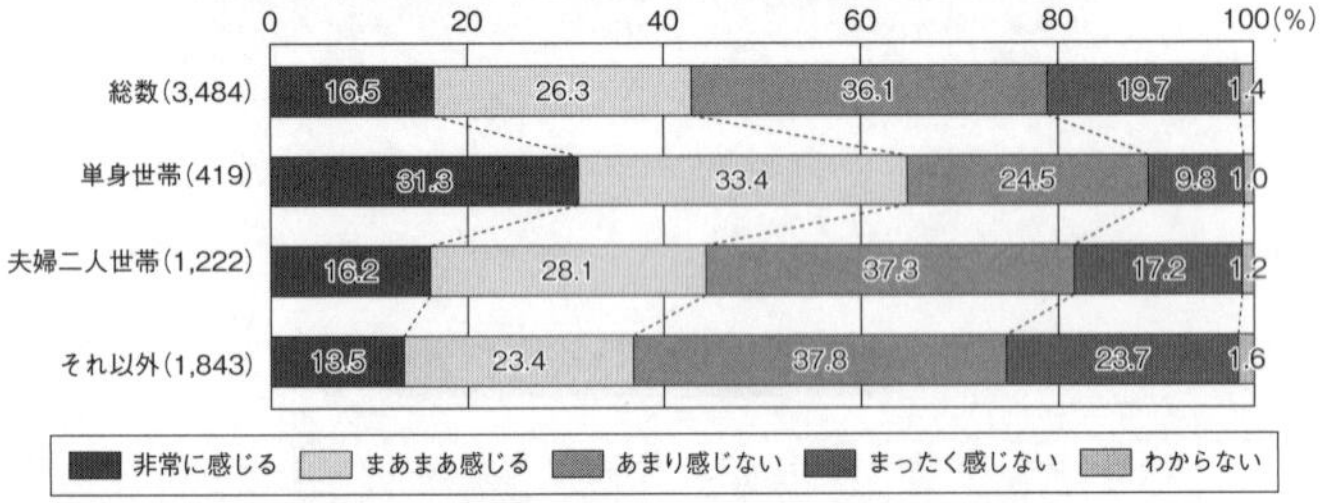

資料：内閣府「高齢者の地域におけるライフスタイルに関する調査」（平成21年）
（注）対象は、全国60歳以上の男女
＊本調査における「孤独死」の定義は「誰にも看取られることなく亡くなったあとに発見される死」。

東京23区内で自宅で死亡した65歳以上一人暮らしの者

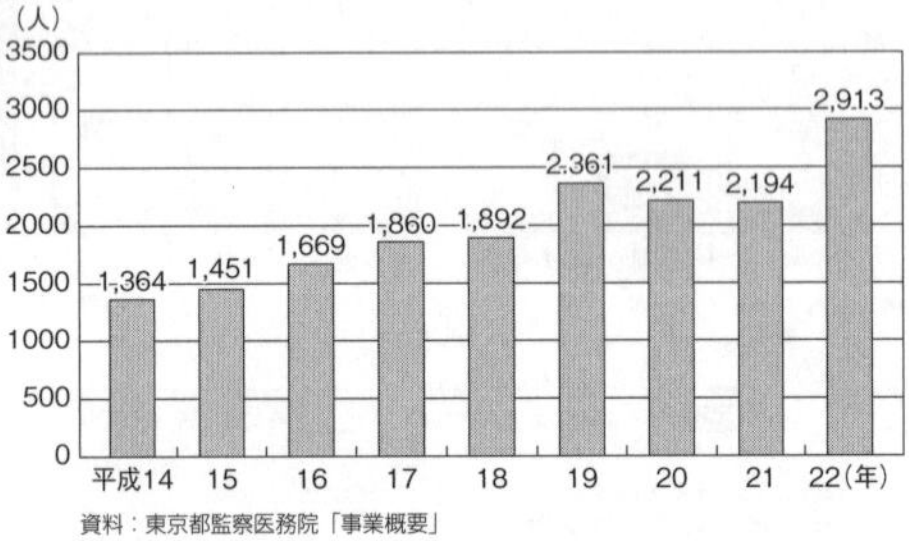

資料：東京都監察医務院「事業概要」

「迷惑をかけたくない」「ピンピンコロリで、ぽっくり逝きたい」という言葉の裏側にあるもの

日本人の美徳の一つに「他人に迷惑をかけない」というものがある。もちろん、他人に迷惑をかけないように生きるのは素敵なことだ。そして、その延長線上で、自分の死に際に際しても「家族（他人）に迷惑をかけたくない」と考える日本人は多いだろう。しかし、冷静に考えてみてほしい。人間は自分の死後、自分で歩いて棺桶の中に入ることはできない。誰かの手を煩わせてしまうのである。産まれる時にひとりで勝手に産まれることが出来ないように、死ぬ時も、そして死んだ後も、必ず誰かの助けを必要とするのだ。

一般的に、日本人の親の多くは子供に「人に迷惑をかけちゃダメですよ」と教える。一方、インドでは「お前は人に迷惑かけて生きているのだから、人のことも許してあげなさい」と子供に教えるらしい。前者は、息苦しさを、後者には、ホッとするもの

を感じる。人は誰にも迷惑かけずに生きていくことなんて出来ない。最後に「他人に迷惑をかけたくない」と考えるのであれば、自分の最期をしっかりと考え、それなりの対処を予めしておくべきだろう。だが、現実はどうであろうか？

東京都健康長寿医療センターは2012年3月、通院患者を対象に「高齢で寝たきりとなった時に延命治療を望むかどうか」など、終末期医療の希望について調査し、およそ970名から回答を得たところ、終末期医療の希望について44％の人が家族などと話し合っている一方で、実際に延命治療における患者本人の希望を第三者のために文章化し、記録に残している人は12％にとどまっているという調査結果を発表した。「認知症や脳卒中など寝たきりとなり、意思の疎通が難しい上、食べ物を飲み込めない状態になった場合、延命治療を希望するかどうか」の質問には「何もしないで欲しい」が47％、「点滴だけを希望する」が41％。胃に穴を開けてチューブから栄養や水分を流し込む「胃ろう」や鼻にチューブを入れる「経鼻経管栄養」を望む人は5％であった。

書店に行けば「エンディングノート」は、たくさん販売され、自らの人生の終焉活動を意味する「終活」という言葉も徐々に認識され、市民権を得てきたにもかかわらず、実際にそれを行動に移している人は、だいたい国民の1割程度であろうか。

　公益財団法人日本ホスピス・緩和ケア研究振興財団は、2011年9月に全国の男女20〜89歳までの1000人を対象に、「余命が限られた場合、どのような医療を受け、どのような最期を過ごしたいか」についてアンケート調査を実施し、2012年3月にその結果を発表した。その結果の中で、私が最も注目したのが「理想の死に方〜ぽっくりか、ゆっくりか〜」という箇所である。

　アンケート結果によると「もし自分で死に方を決められるとしたら、あなたはどちらが理想だと思いますか」と二者択一で尋ねたところ、「心臓病などで突然死ぬ」と回答した人が70・9％であったが、「（寝込んでもいいので）病気などで徐々に弱って死ぬ」と回答した人は26・3％にとどまったと報告されている。

　「ぽっくり願望」のある人は男女共に7割を超えている。若い世代はそれほど高くないが、年齢が高くなるにつれて「ぽっくり願望」は高い。そしてその理由は「家族に迷惑をかけたくない」「苦しみたくない」が上位に挙げられている。

　一方で、「（寝込んでもいいので）病気などで徐々に弱って死ぬ」ことが理想だと考える人は、「死の心づもりをしたいから」と答えた人が76・6％と高かった。

「ピンピンコロリと死にたい」「ぽっくり逝きたい」という言葉を、私は孤立死の見回り先や緩和ケア病棟で出会う人々から数多く耳にしてきた。しかし、それは幻想ではないだろうか？　ピンピンコロリでぽっくり逝きたいと願っても、現代人の約8割以上は病院で死んでいる。終戦直後、昭和20年代はまだ約8割の人が自宅で亡くなっていた。だが、病院死は高度経済成長とともに増加し、仏教でいう「生老病死（しょうろうびょうし）」は全て病院内の出来事と化してしまった。老いも病いも死も、そして子供が産まれる場所も全ては病院内での出来事である。

国家予算の中で、最も大きな割合を占めるものは医療費（社会保障費）である。2010年の日本の税収が約41兆円であるのに対し、医療費は約37・5兆円であった。その医療費の約半分近くは、70歳以上の高齢者が占めているというデータもある。それを一般家庭に置き換えてみると、毎月41万円の給料を貰っている人が、1か月の医療費だけで37・5万円を支払っている計算となる。もう無茶苦茶である。さらに医療費は、高齢化が進む日本社会において、増えることはあっても、減ることはない。だが、

医療機関における死亡割合の年次推移

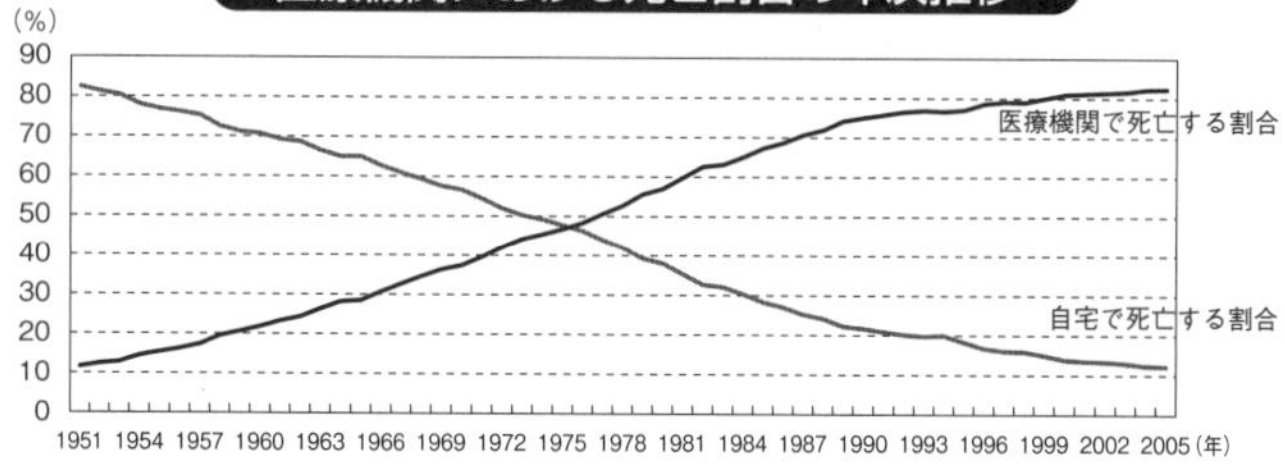

資料：厚生労働省大臣官房統計情報部「人口動態統計」

死亡の場所別にみた死亡数・構成割合の年次推移（厚労省 人口動態統計）

年次		総数	病院	診療所	介護老人保健施設	助産所	老人ホーム	自宅	その他
				死亡数					
1951	昭和26年	838,998	75,944	21,511	·	261	·	691,901	49,381
55	30	693,523	85,086	21,646	·	402	·	533,098	53,291
60	35	706,599	128,306	25,941	·	791	·	499,406	52,155
65	40	700,438	172,091	27,477	·	774	·	455,081	45,015
70	45	712,962	234,915	31,949	·	428	·	403,870	41,800
75	50	702,275	293,352	34,556	·	193	·	334,980	39,194
80	55	722,801	376,838	35,102	·	30	·	274,966	35,865
85	60	752,283	473,691	32,353	·	10	·	212,763	33,466
90	平成2年	820,305	587,438	27,968	351	2	·	177,657	26,889
95	7	922,139	682,943	27,555	2,080	2	14,256	168,756	26,547
2000	12	961,653	751,581	27,087	4,818	2	17,807	133,534	26,824
05	17	1,083,796	864,338	28,581	7,346	3	23,278	132,702	27,548
08	20	1,142,407	897,814	28,946	10,921	−	33,128	144,771	26,827
09	21	1,141,865	895,356	27,802	12,600	2	36,814	141,955	27,336
10	22	1,197,012	931,905	28,869	15,651	1	42,099	150,783	27,704
				構成割合（%）					
1951	昭和26年	100.0	9.1	2.6	·	0.0	·	82.5	5.9
55	30	100.0	12.3	3.1	·	0.1	·	76.9	7.7
60	35	100.0	18.2	3.7	·	0.1	·	70.7	7.4
65	40	100.0	24.6	3.9	·	0.1	·	65.0	6.4
70	45	100.0	32.9	4.5	·	0.1	·	56.6	5.9
75	50	100.0	41.8	4.9	·	0.0	·	47.7	5.6
80	55	100.0	52.1	4.9	·	0.0	·	38.0	5.0
85	60	100.0	63.0	4.3	·	0.0	·	28.3	4.4
90	平成2年	100.0	71.6	3.4	0.0	0.0	·	21.7	3.3
95	7	100.0	74.1	3.0	0.2	0.0	1.5	18.3	2.9
2000	12	100.0	78.2	2.8	0.5	0.0	1.9	13.9	2.8
05	17	100.0	79.8	2.6	0.7	0.0	2.1	12.2	2.5
08	20	100.0	78.6	2.5	1.0	−	2.9	12.7	2.3
09	21	100.0	78.4	2.4	1.1	0.0	3.2	12.4	2.4
10	22	100.0	77.9	2.4	1.3	0.0	3.5	12.6	2.3

注：平成2年までは、老人ホームでの死亡は自宅又はその他に含まれている。

右記の結果からも分かるように、私たち日本人の多くは、自らの健康や死に対して関心はあるものの、結局は「病院まかせ」「医者任せ」にしてしまい、それが増え続ける医療費の膨張に繋がっている。「1分1秒でも長生きしたい」と患者本人が望む医療であれば、それは問題はない。だが、私が実際に見てきた医療の現場では、患者本人が明らかに医療行為を望んでいないケースも多々あった。90歳を過ぎた認知症患者で末期がんの患者が口から物を食べられなくなったことで家族は点滴を希望した。しかし、高齢の患者の血管が細すぎて、そもそも点滴の針が入らないのだ。やっとの思いで看護師が点滴を入れると、患者はその点滴の針を自分で抜いてしまう。看護師が何度点滴を入れても、患者は同じ事を繰り返してしまう。患者は言う、「こんな痛い点滴は、もういやだ」と。しかし、家族は「口から食べられないのだから、せめて点滴だけでもお願いします」と言って、点滴を希望し続けた。そして、繰り返される医療行為によって、高齢の患者のその細い腕は、点滴の針によって内出血を起こし、色が変色していた。私は傍で見ていて、これは虐待ではないかとさえ思えてきた。

患者本人が点滴を希望しているならば話は別である。だが、本人は認知症で判断が出来ないと同時に、延命を巡る意思表示を一切行っていない。あくまで周囲の人が「良かれ」と思ってやっていることに過ぎない。病院は患者の命を救うことを至上命題とする。しかしながら、患者本人が、事前に無駄な延命処置を希望しないと意思表示をしている場合、医療従事者は、それに従わざるを得ない。自分の意思で延命を巡る意思決定を事前に行う人が増えてくれば、それは結果として、患者本人の意思を尊重する事に繋がると同時に、医療費の削減にも繋がる。さらに、個人の生活の質も高められると私は考える。ピンピンコロリと逝ける人は、病院に勤務した私の実感から言うと、限りなく少ないと言わざるを得ない。「家族に迷惑をかけたくないから、無駄な延命治療はして欲しくない」「家族に高い葬式代の負担をさせたくないから、お坊さんも呼ばなくて、身内だけでこじんまりした葬式でいい」「家族に迷惑をかけたくないから、お墓もいらない」という声は何度も耳にしてきた。しかし、現実は厳しい。本当に「他人に迷惑をかけたくない」と望むならば、私たちは自分の最期の希望を、予め周囲の人に伝え、場合によっては書面に残しておく必要がある。

私たちは、誰しも健康で元気に長生きして暮らしたいと願う。しかし、死は誰にでも平等に訪れる。ならば、死を正面から考え、死から生を見つめる視点を持つことで、今の人生をより充実させて生きることが出来るのではないか。世界保健機関（WHO）

が発表した「世界保健統計2012」では、日本人の平均寿命は83歳で193カ国中1位であった。一方で、平均的な日本人は7~9年、介護を受けながら生きているという現実がある。医療や介護によって、健康長寿が維持されているという側面は誰も否定できない。

そもそも私たちは「病院死」が当たり前となってしまい、死に逝く人をあまり見たことが無い。私たちは「何処で死にたいのか」「何処で生きたいのか」を考え、事前に書面に記すなど記録しておく必要がある。何故ならば、自宅、もしくは自宅に近い地域で過ごしたいと願っても、希望はかなえられないまま、人生を終えていくケースが圧倒的に多いことが実情である。政府は医療費削減の一環で、医療・介護共に在宅を中心とする方針を示している。しかし、看取りを含め、サービスの自己負担の重さが問題となっており、在宅医療・介護を提供する側も、慢性的な人材不足問題も解消されたわけではない。

私が見回りをしている80歳の女性Nさんは、私が訪問するたびにこう言う。「朝、目が覚めたら、なんで目が覚めるんだろうと思う。今日もまた、1日始まるのかと思うとうんざりする。早く死にたい。早くお迎えが来て欲しい。ピンピンコロリで逝ければいいけど。また同じことを言うけど、息子にお金を騙し取られてしまって。それだけが心残り……」と呟く。そして「外出すれば、歩くのも遅いし、人に迷惑がかかるから、なるべく外を出歩かないようにしている」と寂しそうな顔をして言う。Nさんは、親族と縁が切れていて、認知症の傾向もあり、孤立死のリスクだけでなく、自殺願望もある。Nさんに私はもう6年関わっており、毎回のように同じような話を聞かされる。そのNさんに「では、エンディングノートを一緒に書きませんか。Nさんの最期を聞いておかないと、Nさんの最期を

自宅で最期まで療養することが困難な理由

問　最期までの自宅療養が実現困難であるとお考えになる具体的な理由をいくつでもお答えください。

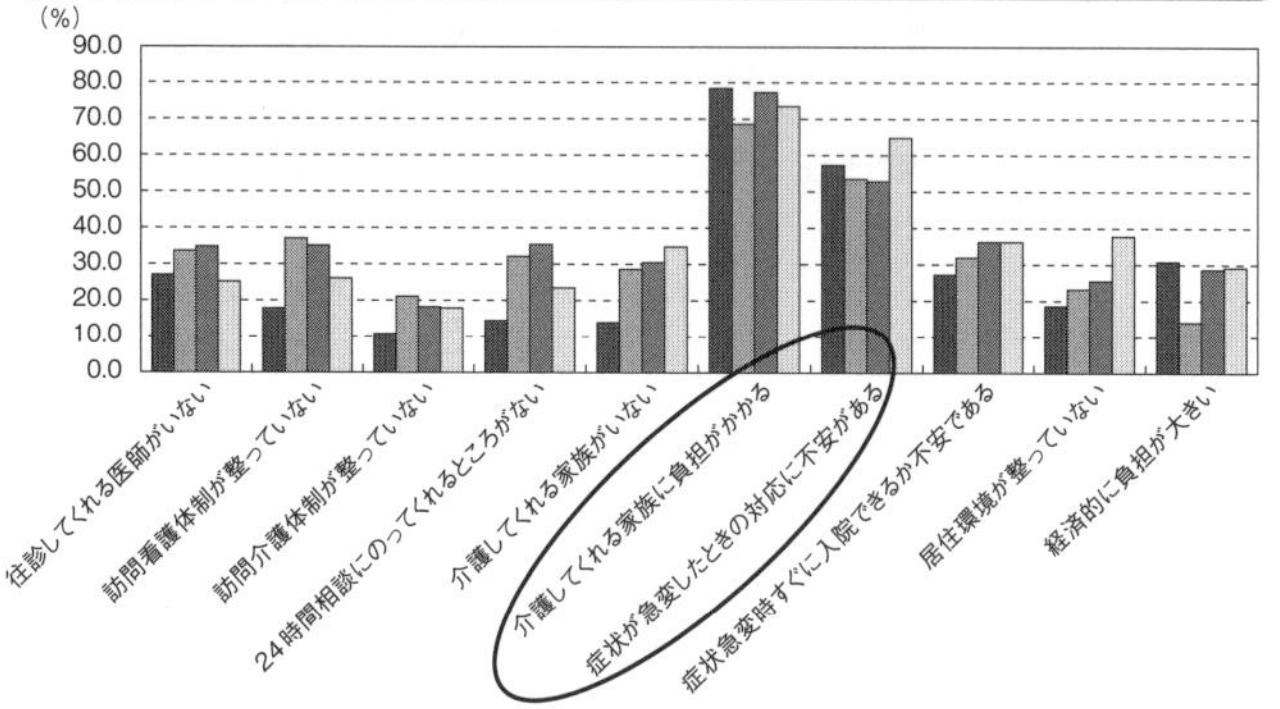

資料：終末期医療に関する調査等検討会「終末期医療に関する調査等報告書」(2004年)

お世話する私が困ります」と提案しても、「そのうち……」という言葉が返ってくる。「ピンピンコロリと逝きたい」「他人に迷惑をかけたくない」と日常的に言いつつも、「臨終」の事を考えたくないというのは、現実逃避とも言える。だが、Nさんのような考え方の人は、むしろ今の社会では多数派であると私は感じている。日本人の多くは、死に対する哲学、明確な死生観を持ちあわせていない。死を考え、語ることを縁起でもないと拒否し続けている社会では、残念ながら、孤立死は減ることはないだろう。

若者の孤立死

「まだ30代の女性が部屋で自殺しました。死後、かなりの時間が経っているようです。すぐに来てもらえませんか。力を貸してください」という不動産管理会社の社長であるAさんから連絡があった。Aさんとはもう長い付き合いの友人であり、管理する物件内で孤立死や自殺、殺人事件等が発生した場合、いつも私に協力要請を求めてくる人である。月に1回は会って、孤立死について意見交換をしている仲である。

私が現場に駆け付けた時は、警察の現場検証中であり、これからまさにご遺体が部屋から運び出されようとしている最中であった。遺体を乗せたストレッチャーの脇から、ダランと垂れ落ちた女性の細い腕が見えた。思わず、私は手を合わせ、合掌した。それを見たAさんも、瞬間的に手を合わせた。しかし、その合掌した手は、すぐに飛んでくる大量のハエを追い払う行為のために、解かれることになった。故人は、風呂場の手すりで首をつり、自らいのちを絶ったようだった。部屋は広さ六畳ほどのワンルームタイプであり、玄関を開けてすぐの左手側にユニットバス形式の浴槽があった。その中でうずくまる様にして彼女は亡くなったようだ。

「となりの部屋から猫の鳴き声が聞こえる。しかも部屋から異臭がする」という同じマンションの住民からの通報を受けた大家さんは、警察と不動産管理会社に連絡。部屋の中に入ると変わり果てた女性の姿を目撃。その後、私にお呼びがかかったという流れである。遺体が部屋から運び出された後、私とAさんは、部屋に残された故人の飼い猫をどうしようか？　と二人で相談していた。猫は自らいのちを絶った飼い主を、どんな思いで見つめていたのだろうかと思うと、やり切れなさだけが胸に残った。猫の寂しそうなその時の眼を、私は未だに忘れることが出来ない。

幸いにも親族と連絡が取れ、猫を故人の形見として引き取ってくださることも了承を得た。故人の親族は生活困窮者であったため、通夜葬儀を行うお金が全くないと言う。だったらせめて火葬場で読経だけでもボランティアでさせていただけないでしょうかと私が申し出たところ、遺族から快諾された。そして後日、今まさにご遺体が火葬されるという火葬場での出来事は今でも忘れ難い。故人の死を聞きつけた友人と思われる若い関係者数人が、生花を持って火葬場に集まっていた。その生花を棺の中に入れさせてほしいと両親に尋ねた時の事である。遺族である母親は、我が子の変わり果てた姿を他人に見せたくないと、棺の蓋を開けることを「お断りします」ときっぱりと言い切り、断固拒否した。首をつると、窒息状態になり、その死に顔は苦しみに満ちている場合が多い。私も故人の死後処置に立ち会ったが、故人は、窒息状態の中、苦しみながら亡くなっていかれたのだろう。故人の舌は、ちょうど「あっかんべー」をしたような伸びきった状態であったため、死後処置を何度施しても、故人の舌はどうしても口の中に納まりきらないのだ。だから、故人の母親は絶対にそんな顔を他人に見せたくないと言い、棺に納棺された遺体の姿を他者に見られることを拒み続けた。葬儀に参列した故人の友人と思われる人が、火葬場で拾骨のあと、私にポツリとこう呟いた。「自分の死に顔を他人に見せられないような最期は、決して幸せな死に方とは言えないですよね」と。私は何も言えず、ただその話に小さく頷くことしか出来なかった。

亡くなった故人と両親の仲は決して良いものではなかった。派遣社員で職を転々とする娘に対し、「早く安定した仕事に就きなさい」といつも小言を言う両親を、故人は疎ましく思っていたようで、親族とは亡くなる数ケ月前から音信不通状態が続いていたという。葬儀の席で、故人の父親は私にこう言った。「恥ずかしながら、娘とはもう何年も話をしていませんでした。だから亡くなったと聞かされた時も、何処か他人事のような気がしてしまって。酷い親ですよね」そう自嘲気味に語った。

また、Aさんとは別な管理会社からの連絡を受けて、20代女性の孤立死の部屋に入ったときのことも忘れ難い。マンションに最初に駆け付けた時の事は、未だに目に焼き付いている。若い女性が部屋の中に散乱したゴミの中に埋もれるような形で、目を見開き、玄関の方向に助けを求めるような姿で仰向けに倒れて、絶命していたのだ。死後、相当の時間が経っており、ウジが湧き、ハエが所狭しと飛び交っていた。関係者から聞いた話によると、その女性は新宿区歌舞伎町にある風俗店に勤務していた。勤務する店では常にトップの指名率を獲得し、その店では誰しもが一目置いていたという。そんな女性が何故、孤立死をしてしまったのか？　後から聞いた話によれば、死因は窒息死であると言う。過酷な勤務やストレスから不眠症になり、彼女は睡眠薬を大量に服薬しないと寝られなくなったそうだ。だが、お酒と同時に服薬し寝てしまったため、嘔吐したものが喉に詰まり、そのまま帰らぬ人となってしまったようだ。彼女の死因は自殺ではない。しかし、睡眠薬を大量に飲まないと寝られないような生活を送る時点で、相当な「生きづらさ」を抱えていたことは間違いない。遺骨は親族が引き取りを拒否したため、私が無償で預かることになった。故人の母親が最後に言ったことが今でも忘れられない。「地元の高校を出て、娘は東京の中小企業に就職しました。しかし、解雇され、風俗の世界に足を踏み入れたようです。私はその時点で親子の縁を切りましたので、もう娘とは関わりたくありません」と電話口ではっきりと述べた。

また、孤立死防止のために共に見回りをしている民生委員からの連絡を受けて、30代男性の孤立死した部屋の片づけを手伝った時のことである。故人は大学を卒業後、大手企業に就職するも、人間関係に躓き、退社。その後、アルバイトなどを転々とするも、長続きせず、部屋に引きこもるようになった。同時にアルコール依存症となり、肝臓を壊して、何らかの理由で部屋の中で急死したようだった。親族は故人との関わりを全て拒否した。それで私にお鉢が回ってきたという経緯である。部屋の中には亡くなる直前まで仕事を探していたのだろう。求人雑誌が開かれた状態のまま、いくつかの部分に赤のボールペンで丸印が付けられてあった。酒びんが大量に散乱したその部屋からは、故人の生前の生活がそのまま見えてくるようであった。また学生時代にサッカー部に所属していた時の写真や以前、交際していたと思われる女性との楽しそうな写真が壁にたくさん貼られてあった。それらの写真を一枚一枚剥がしながら、どんな思いで故人はこの部屋で生活し、亡くなって逝かれたのだろうと想像すると、胸が苦しくなってきた。

どんな人でも、自分の人生を振り返ると、一つや二つ、輝かしく楽しかった思い出がある。「あの頃は良かった」と感慨にふける時間も、時には必要であろう。だから当時の思い出を写真にして部屋に飾っておきたいという気持ちも理解できる。しかし、写真は撮られた瞬間から「過去」になる。過去も大事だが、人は「今」を生きている。今をしっかりと見つめることで、未来が見えてくる。過去にとらわれ過ぎると、「今を生きる」という大事な視点を人は見失う。

私が関わる孤立死の現場は50代後半から70歳前後の男性無職者が圧倒的に多い。金の卵として地方から上京し、高度経済成長期を支えたものの、働きづくめの生活の中、何らかの形で家族との縁が切れ、早期退職した後、地域との繋がりもなく、ひっそりと孤独の中で暮らしているうちに、突然死してしまったケースである。仕事一筋で生きてきた男性は、社縁中心の生活から離れてしまった時、非常に脆い。今まで家族との時間や趣味、地域活動などの社会活動に参加してきた人ならば、時間の使い方も知っているだろう。しかし、社縁一筋で生きてきた男性の多くは、その社縁を失った時、やることがなかなか見つからないのは容易に推測できる。しかし、最近は前記のような20代～30代といった若い世代の孤立死にも数多く私は立ち会うようになってきた。もちろん、東京都監察医の統計を見る限り、孤立死は圧倒的に中高年以上の世代に多く発生している。むろん、部屋の中で、ひとり孤立死したといっても、自らの意思で命を絶ったケースと、心疾患や脳血管疾患などの病気などで突然、倒れ、亡くなってしまうケースでは状況は全く異なる。男女ともに孤立死は起こっているが、私の経験上から言うと、亡くなってから発見されるまでの日数は、圧倒的に男性の方が長い。何故か？　男性は女性に比べて、生前からの近所付き合い等が少なく、生きている間から既に「孤立化」している結果と推測される。男性に比べて女性の方がまだ近所付き合い等があり、「最近、○○さんの奥さんの姿を見ないわね」という声がご近所でも聞かれる傾向にあるように私には思える。

また、自殺の場合で私が経験した事例で印象的なケースは、地方の中学や高校を卒業後、東京や首都圏近郊の企業等に就職。やがて結婚。年齢と共に右肩上がりで増えていく給料を前提として、住宅ローンを組み、マイホームを購入。だがバブル崩壊とともに手取りの給料が減っていく。しかし毎月の住宅ローンは残ったままだ。それに輪をかけて子供の教育費も増え続ける。会社は早期退職者を募集する。それに応じて思い切って退職したものの、次の仕事が見つからない。そんな中、生活は荒み、家族との仲も疎遠になりがちになる。夫婦間の関係も冷め、家を出た男は、ひとり暮らしを始める。そしてアルコールやギャンブルで心の隙間を埋めようとするが、現状は悪化するばかりで、サラ金の債務も膨らむ。その中でひとりいのちを絶つという流れである。だが、若い世代の自殺は、「自分が社会から必要とされていない」「自分の代わりなんていくらでもいる」「自分は生きる価値がない」という自己肯定感のなさから自らいのちを絶つケースが多いと感じている。もちろん、その背景には雇用問題や人間関係の複雑さなどがあげられるが、中高年以上の自殺とは、明らかにその性質が違ってきていると私は感じている。

無力感を共有すること

「もう限界です」

東日本大震災の被災地で一緒に孤立死防止の見回り活動をしていた地元・被災地の

保健師さんが、私の目の前でそう言って倒れた。「困っている人の役に立ちたい」という使命感に燃えた彼女は、自らが東日本大震災の被災者であるにもかかわらず、仮設住宅を回り、孤立状態にある方々の声に熱心に耳を傾け続けた。しかし、被災者が話す内容のあまりの重さに本人自身が、それを受け止められなくなってしまい、悲壮感に襲われ、次第に心の余裕を失っていった。「燃え尽き症候群」とも言える状態の中、彼女は職場を去って行った。

２０１３年1月12日の朝日新聞で、阪神大震災の被災者が暮らす兵庫県内の災害復興公営住宅で、去年１年間で誰にも看取られずにひっそりと息を引き取った人は61人（平均年齢73・9歳。死後１カ月以上経ってから発見された人は２名。死因の大半は病死、他は転倒による事故死や自殺など）にもおよび、前年の36人から大幅に増えたという記事が掲載された。

阪神大震災では、地震発生から時間が過ぎ、マスコミ報道が減り始めるにつれて、孤立死が問題になったこともあり、東日本大震災の被災地では仮設住宅内を中心に「見回り活動」が地元の自治会や社会福祉協議会、民間のＮＰＯやボランティア達を中心に行われている。私もその被災地の見回り活動に、定期的に同行させていただいている。その活動の中で出会った前記の保健師さんは「もう限界です」と言い残し、倒れた。

　私の拙い経験で言えば、被災者と一口に言っても人それぞれである。被災者全員が助けと共感を必要としているとは限らない。ひとりでいることを好み、孤独を尊ぶ人もいる。他人を不快にさせることでしか生きている実感を見いだせない人もいる。生活に困窮し、食べるものもなくなり、生活保護の受給を勧めたところ激昂して、「そんなものを貰うならば、死んだ方がましだ」と怒鳴りつける人もいる。逆に、嘘をついても生活保護を受給しようとする人もいる。

「孤立死をなくしたい」という熱い使命感を持って見回りをしていても、訪問先で暴言を吐かれたり、中には暴力を受けたりするケースもある。介護が必要な人の中にも、介護ヘルパーや介護者を見下し、酷い言葉を投げつける人もいれば、「ありがとう」という気持ちを忘れない人もいる。見回り活動を通じて出会う人たちから、私たちは酷くがっかりさせられたり、傷ついたり、熱意に水を差してくるケースにも立ち会う事になるのだ。

そして、私自身、高齢者の在宅訪問の経験から言えば、人間は基本的に驚くほど現状維持と排他的傾向への拘りが強く、現状の変化を望むよりは、結局「今のまま」を選びたがる人が多いと感じている。変化を促す事は協調性の乱れに繋がると思う人は未だ多い。そして家や部屋は単なる物理的な空間ではない。そこに住む人の精神状態をそのまま反映している。被災地のある仮設住宅に行った。そこは認知症の患者さんが住んでいて、ゴミが腰の高さまである「ゴミ屋敷」。だが、当人は大切な人を亡くし、自暴自棄になり、隣近所からも孤立状態。結果、部屋はゴミ屋敷に。精神状態と部屋の綺麗さは比例している。

また、東北の被災地で活動した若い自衛隊員のＰＴＳＤ（心的外傷後ストレス障害）が深刻と、被災地で共に活動した自衛隊員から話を聞いたことがある。警察や消防は、遺体をある意味「見慣れている」。しかし、私が活動を共にした若い自衛隊員の中には「親族の葬式すら出たことがない」という人もいた。無理もない。そんな若い彼・彼女らが、おびただしい数の遺体と向き合う事になるのである。私自身も被災地で遺体の捜索や搬送に関わり、数百体の遺体を目にしてきたが、中には目をそむけたくなるような損傷の激しい遺体も多く、現場は修羅場であった。

ＰＴＳＤの特徴の一つに、突然、過去がよみがえる（フラッシュバック）ことがあると言われている。生々しい遺体を見てしまったショックが突然よみがえり、不眠症など、日常生活に何らかの形で影響を及ぼすことがあるという。若い自衛隊員の多くは、既に被災地を離れている。しかしながら、安全な基地や自宅に戻ってから時間が経ってゆっくり発症していると私は聞いた。

かつて、アメリカではベトナム戦争の帰還兵たちの多くが深刻なＰＴＳＤとなり、ドラッグや凶悪犯罪、なかには路上生活にまでなってしまうという事例も報告されている。映画「タクシードライバー」でロバート・デ・ニーロが演じたタクシードライバーも、ベトナム帰りで深刻な不眠症を抱えていた。孤独を抱え、やり場のない思いや苛立ちが暴力へと向かわせた。同様なことが、深刻なＰＴＳＤを抱える日本の若い自衛隊員の中で起こってもおかしくはない。

深刻なＰＴＳＤを克服するには、同じ経験をした隊員たちと共に「怖かった」「辛かった」「苦しかった」と涙を流しながら共に胸の内をとことん語り合う事が必要不可欠である。しかし、私たちの社会、特に自衛隊のような男社会では「弱音を吐く」ことが、まだまだ許されていない。弱さを見せてはいけない社会なのだ。それは自衛隊だけの話ではない。学校から会社に至るまで、我が国では常に成績順で比較され、勝った負けたという物差しが基準になる中で、人間関係が「上か下」でしかない。隣に人（仲間）がいない社会なのだ。中でも、特に男性は、自らの苦悩を語ることが得てして苦手である。私の携帯には「死にたい」という自死念慮者からの相談電話が頻繁にかかってくる。相談者の約7割は女性からである。しかし、実際に自らいのちを絶ってしまうのは7：3で男性の方が圧倒的に多いのだ。

若い自衛隊員は、自らが抱える苦悩や痛みを仲間たちに語れているだろうか？また、その声に真剣に耳を傾けてくれる関係者が存在しているだろうか？　大規模な自然災害の前で、人間の力など無力である。そしてもっと突き詰めて言うと、人間が年を重ね、老いて病気になって死んで逝くという当たり前のプロセス（生老病死）も、人間の力ではどうすることも出来ない。年を取りたくない、死にたくないと思っても、それらから誰も逃れることはできない。私たちの社会で今、必要なことは、その「無力感を共有すること」ではなかろうか？　涙を流し、痛みを共有し、弱さを認め合うこと。それこそが今、最も必要なのではないか。

孤立死問題を何とか解決したいと躍起になっている人も、実は世の中に大勢いる。だが、それでも孤立死は必然的に起こってしまう。その時に、「無力感」を共有出来る人が必要であろう。「あんなに見回りをやったのに、孤立死を防げなかった」という話を否定せずに話を聞いてくれ、その話に頷いてくれる人が必要不可欠である。理想と現実の狭間でもがき苦しみ、訪問先で出会う人から裏切られたように感じてしまっても、それでも活動を続けていくためには、心の余裕が必要である。自戒を込めて言うと、私自身も含めて、人間はそもそも、自分の行動や言動を客観的に眺めることが難しい。まして、そこに個人的な生い立ちなどの必然性が加わればなおさらのことである。「誰かの役に立ちたい」という思いの原点は、家庭の教育や躾に起因するかもしれない。しかし、その純粋な思いは、本人が意識しているか・いないかに関わらず、個人的な体験に根差している場合が往々にして多い。私が何故、孤立死防止問題に関わっているかと言えば、私自身が孤立死してしまい、ウジやハエが飛び交う状況になりたくないから、というのは建前で、本音は自分自身の幼少期の体験にあると感じている。複雑な家庭で育てられた私は、親の愛情に飢えていた。しかし、それはなかなか得られなかった。求めているものが得られないのは苦しみである。だから、その苦しみから逃れるために、誰かから必要とされる自分でありたいと私は考えた。その思いが、緩和ケア病棟内での看取りに繋がり、病室で出会った患者さんたちの多くがひとり孤独の中で息を引き取っていく姿を目の当たりにした時、孤立死問題に関わり出したのである。そして孤立死の背景には貧困問題がある。貧困とは経済的な貧困だけを言うのではない。誰とも話す人がいないなどの人間関係の貧困も意味する。そして孤立死・貧困問題に関われば、必然的に自殺問題と関わらざるを得なくなる。私が関わる活動の根っこは全て繋がっている。

私にとって孤立死をなくすための活動は無償の行為であり、正直に言うと、割に合わない行為でもある。しかも、世間の多くの人は、それらの問題に無関心である。そして、脇目もふらず自己犠牲的で献身的な取り組みは、相手にとって「善」であるとは必ずしも限らない。相手を何処かで自分の思うようにしたいという思いを自覚しているかどうか？　そしてそんな自分を冷静に俯瞰的に見れているかどうかという視点が、活動を続けていく重要な要素であろう。

そもそも誰かの支えになりたい、誰かの力になりたいと願う人ほど、実は誰かの支えや力が必要なのだ。誰かの話を聞く立場の人こそ、誰かに最も話を聞いてもらうべきなのだ。だが、相手の話を受け止めるだけの力、そしてそれだけの精神的・経済的・

時間的な「余裕」を、私たちの社会は持ち合わせているだろうか？

正論は通らない

「そりゃ、孤立死なんてない方がいいに決まってる。でもさぁ、これだけ高齢者が増えて、老若男女問わず、単身世帯の〈おひとりさま〉も増え続けて、家族や地域の繋がりも弱まれば、孤立死は自然発生的に起こってくると思うよ。年をとれば、たいてい身体のどこかは悪くなるんだから、ひとりで暮らしてれば、急にバタンと倒れてそのまま逝ってしまうのは仕方がないことだよ。あんたが『孤立死をなくしたい』と考え、実践していることは、無関心が美徳とされている時代で立派だとは思うよ。あんたの言っていることも、ある意味、正論だよ。でもさぁ、正論はいつの時代も通らないものだ。あんな危険な原発なんか、ない方がいいに決まっているだろ。事故が起これば、取り返しがつかない。でもさぁ、原発は事故が起こってもなくならないし、選挙をやれば、原発容認派や推進派が当選する。それと同じように、孤立死もない方がいいけど、現実的に考えて、なくならないと思うよ。そして、今の社会は弱肉強食だから、弱い者や金のない者から死んで逝くのはある意味、仕方のないことだと思う。もっと言うと、孤立死が起こってしまうような社会は、ある日突然出来上がったのではなくて、起こるべくして起こっていると思うよ。今更、壊れてしまった家族や地域の人々と助けあって生きることなんかできないよ。自分の事で精一杯で、他人のことなんか、知ったことではないというのが、我々、一般庶民の本音だと思うよ。政治家や行政の失策、特に住宅政策の失敗や貧困問題を放置してきた〈つけ〉が回ってきたということも問題だけど」

孤立死問題を考えるシンポジウムを地元・新宿区で開催した時、元公務員だという初老の一般参加の男性から、私はそう言われたことがある。私はその意見に対して、こう答えた。「仰っていることは分かります。孤立死問題は、今に始まった問題ではないことも、起こるべくして起こっていることも、その通りだと思います。国や行政の失策もあると思います。それを踏まえた上で言いますが、では、孤立死が多発するような社会に対して、私たちは指をくわえて見ているだけで良いのでしょうか？　社会がしぼんでいくのを黙って眺めているだけでよいのでしょうか？　政治や行政が悪いと言うのは誰でも出来ます。しかし、私たちの住む地域で起こっている問題は、私たちと全く無関係な問題なのでしょうか？　私たち住民全体の問題ではないでしょうか？　そこに住んでいる私たちひとりひとりが、自分たちの問題であり、地域社会の全体の課題として認識をしない限り、状況は全く改善されず、問題がより深刻化していくだけではないですか？　問題を放置しておくことは、次世代に対する大人の態度としていかがなものでしょうか？」と答えた。その男性とは、今でもお付き合いさせていただいているが、孤立死は自己責任であるという意見を依然として持ち続けている。

　何故、私は孤立死問題に関わり続けているのだろうか？　と、ふと自問自答をしてしまう時がある。誰からか褒められるわけでもなく、お金を貰っているわけでもない。それなのに何故、孤立死問題に関わっているのだろうか？　考え抜いた揚句、見つけた答えは、私には「孤立死の現場を見てしまった者の責任」があるということに気がついた。孤立死について善悪で語ることは誰にでもできる。しかし、私にはウジやハエが湧き、白骨化した中で死んで逝ったたくさんの遺体を見てしまった者の責任がある。孤立死してしまったその部屋に残された様々な遺品の数々から、生前の暮らしや故人の思い、そして孤立死をさせてしまった側、つまり多くの遺族の話を「聞いてしまった者の責任」がある。毎年、何十という孤立死の現場に赴き、その故人を弔い、引き取り手のない遺骨を預かってきた私には、「現場に携わる者としての責任」があるのだ。自分の目で見て聞いたことは、なかったことには出来ない。知ってしまった以上、少しでも状況を改善するために力を尽くしたいと思う。しかし、それが容易ではないということも、私は理解している。

世の中には、いろいろな考え方の人が存在する。孤立死問題に関心がある人もいれば、関心の無い人もいる。そもそも孤立死問題を全く知らないと言う人もいる。孤立死の不安を抱える人々に向かって「元気なうちから孤立死問題を考えておかないと、大変なことになりますよ」と孤立死問題を外から煽っても、問題は何も解決しないだろう。むしろ、「不安を煽るな」というバッシングを受け、「そんなにヒステリックになって騒ぎ立てるお前は異常だ」という「分断」が生まれる。そして、大多数の「普通の人」は両者の論争に付いていけないという状況が生まれる。自分たちこそ正しい「正論だ」、あるいは「正義である」とお互いに主張し合うだけでは問題は何も解決しない。

私たちが生きる社会は、資本主義社会であり、科学的合理性に基づいた社会である。しかし、原子力安全神話が福島第一原発事故によって壊れてしまったように、既に壊れてしまった家族・地域・会社といった人々の「縁」を再構築するのは簡単なことではない。社会の土台が相当崩れてきていることは誰しもが否定できない事実であろう。本来ならば、GDP（国内総生産）が上がり、個人所得が増加すればするほど、人間関係も豊かになり、ひとりひとりが生きやすい社会になるはずである。しかし1990年代以降「失われた20年」と言われるように、ごく普通のサラリーマン家庭でも、将来への生活不安は増すばかりだったはずである。日本の社会制度は「終身雇用制度の元で就職し、若くして結婚し、数人の子供を育てあげ、定年退職前後で子供達が独立し、年金生活になったら孫と共に遊ぶ」という家族モデルを前提として成り立ってきた。だが、2010年の厚生労働白書によれば、生涯未婚率は男性20・1％、女性10・6％であり、2030年には男性29・5％、女性22・6％に及ぶのではないかという推測がなされている。結婚に関する考え方は、価値観の多様化やライフスタイルの変化もあげられるが、一番問題なのは、結婚したくても結婚できないという経済状況、特に雇用問題があげられる。国立社会保障・人口問題研究所の第14回出生動向基本調査のデータを分析すると、20～34歳の独身男性の3割弱が年収200万未満であり、その多くが非正規労働者である。結婚も出来ない、収入もないとなると、親と同居するしかない。総務省統計研修所の資料によると、親と同居する35～44歳の未婚者は2010年には男性184万人、女性111万人の計295万人にも上ると言われている。同世代人口に占める割合は男性19・9％、女性12・2％だ。親が元気で働ける間はいい。そして親が年金を受給している間はいい。しかし、子供を養っているはずの親が亡くなった後は大変である。今現在、親の年金頼みで生活している人は、自らの生活基盤が崩壊することになる。さらに、もともと頼れる親族が少なく、不安定雇用により老後も年金受給を期待できない。そうすると、すぐに孤立死予備軍の仲間入りである。病院に勤務している時、末期がんで、今にも息を引き取りそうな高齢の患者さんに対して「何が何でも生かして欲しい」と切実に訴える家族がいた。もちろん親孝行や長生きして欲しいと言う切実な願いからそう言っているケースもある。しかし、「親に死なれたら年金収入が無くなる」という家族側の都合で、無理やり延命処置をさせられているケースも私はたくさん見てきた。末期である患者さんご自身が、延命を希望されているかどうかということが一番大事にされるべき事柄であるにもかかわらず、現実は家族の意思によって決められてしまうことは往々にしてある。

人間にとって最も不都合なことは、現実を直視することであろう。中でも、自分自身の「死」と向き合う事は、誰しもが考えたくない問題である。そしてそれは個人の問題だけでなく、少子高齢化が進む社会全体の問題でもある。見たくない現実を見ないままでは、今後は、未来に希望を見つけるどころか、現状維持すら難しい時代が確実にやってくる。

右肩上がりの時代は終焉を迎えた。GDPを上げるために欠かせない人口が毎年、自然に減少していく時代である。増え続ける国の借金は1000兆円近くになり、中央と地方の格差も著しい。経済成長なき時代の在り方を考える機会が到来したとも言える。しかし、私たちは「経済成長こそが善であり、停滞は悪だ」という考えからなかなか脱することが出来ない。成長こそが善であることを本質的に疑っていないようにも思える。しかし、原発事故に伴う被爆労働に象徴されるように、誰かの犠牲の上に成り立つ成長に対して「もう十分じゃないの」という声があってもいいのではないか？　私は右肩下がりの時代が不幸であるかと言えば、必ずしもそうは思わない。右肩下がりの時代であっても、人はささやかな幸せを求めて生きていくことは可能である。2011年3月11日の原発事故によって、私たちが初めて「原発問題」に向き合わざるを得なかったように、孤立死問題も誰にとっても無視できない状況が迫ってきていることは確実である。孤立死を正面から見据えるのか、考えないように放置するのかは、それぞれの生き方にも関わってくる。孤立死問題は、今後、日本社会の在り方を考える上で、その試金石となりうるだろう。

無関心と束縛のあいだにある、緩やかな繋がり

「若い人の引きこもりにしろ、高齢者の閉じこもりにしろ、自宅の部屋から一歩も出ずに、自分の殻に閉じこもってしまう最大の理由は、人間不信によるストレスが大きいと思う。引きこもるのは、もうこれ以上、傷つきたくないという自己防衛本能でも

あり、自分を守るためでもある。私だって人間関係や仕事で疲れ果てた時、誰とも会いたくなくなる時があるもの。そして、あまりにイライラしてくると、物事を考える余裕すら持てないし、他人の話なんか聞けないもの。今の時代、普通に生活しているだけでストレスだし、誰だってひとりになって、ふと、引きこもりたくなる瞬間があるんじゃないの」

　そう呟くのは私と一緒に見回りをしてくれている地域の民生委員。彼女は病院に勤務していた元看護師である。病院を早期退職して、今は趣味である茶道と華道と社交ダンスに熱中し、時々、空いた時間で私の見回り活動を手伝ってくれている。彼女の義理の母親は浴槽で孤立死のため亡くなっており、私が企画した孤立死問題を考えるシンポジウムに来て下さって以来のご縁である。続けて彼女はこう言う。

「私自身が単身高齢者となって、社会から孤立しているとするでしょう。そんな時、近所の人や見回りボランティアが毎日「安否確認」に来られたら正直、迷惑なんだよね。はっきり言って、放っておいて欲しいと思う。好きで家に引きこもっているのだから、外部から監視されているように見回りに来られても、ウザイと思ってしまう。でもね、1週間誰とも全く話さない。電話もメールも全く来ないという状況になれば、やっぱり少し不安になると思うのね。人間なんて弱くて脆いから、心のどこかでは、やっぱり適度に誰かと繋がっていたいと思うわけよ。でも、自分ひとりの時間もやっぱり欲しいと思う訳。都合がいいよね。私はね、極端なことを言えば、1週間のうちの半分は、誰とも話さなくて、引きこもっていてもいいと思う。でも半分は適度に人と繋がって、愚痴を言い合えるような繋がりがあった方が、やっぱり健康的だと思うんだよね。中にはペットを我が子以上に可愛がったりする人がいるけど、それも孤独感や喪失感の裏返しかもしれない。日々の生活の中で満たされないものを埋めるために。でもそれって、決して悪いことじゃない。誰だって満たされない感情を、別の何かで埋めようとしているのだから。

人と人との繋がりや絆さえあれば、その人が抱える孤独や不安が解消するかっていうと、全くそんなことはない。絆っていう言葉が、震災以降やたら聞かれるけど、絆って人と人を拘束し、縛り付けるものでもあるでしょ。束縛はされたくない、でも自分のことに対して周囲が全く無関心で、無視されるのも耐えられない。無関心と束縛の中間くらい。程良いお付き合いが出来る関係があれば、たとえ孤立死しても早期に発見されるでしょ。そう思えば、孤立死なんて怖くないよ。孤立死の不安に怯えるのは、自分の死の恐怖と同時に、自分が誰とも繋がっていない、社会との接点がないという問題も大きいと思う。自分がたとえ誰にも看取られずにひとりで死んだとしても、周囲の人が自分の埋葬までをきちんとやってくれるという安心感と信頼関係があれば、孤立死そのものに対する恐怖心が、ずいぶんと緩和されると思うのよね。

一方で、人は、ひとり孤立を感じていて、社会との繋がりに意味を見出せなくても、自然との繋がりを感じていられれば生きていける。何か打ち込める趣味や芸術活動などがあれば、ひとりでも十分楽しめる。ひとりで生きることも、悪くない。ただ、ひとりきりの状況があまりにも長く続き過ぎて、自己コントロールできなくなると、当然部屋はゴミ屋敷になるだろうし、風呂にも入らなくなると思う。他人の目を気にするから、女は適度にお化粧をする。人に接し、人に見られるという行為そのものが、自分を律するのよ。引きこもりの人の多くは、昼夜逆転してるでしょ。だから、引きこもりをやめたいと思うのならば、やっぱり規則正しい生活をして、身なりに気をつけること。それが大事だと思う。そして適度に社会参加することが、その人を豊かにさせると思う。人と出会うとがっかりさせられたり、うんざりさせられたりすることもあるけど、ホッとできる人も中にはいるから。ホッとできる時間と居場所が複数あれば、人生に躓いていても、人は孤立を感じていても生きていけるんじゃないの？　高齢者が暑い中寒い中でも、昼間、必死に自転車をこいで、1年中、区役所近くの公園に集まり、仲間内で囲碁や将棋を楽しそうにしているじゃない。区民会館等に理由もないのに集まってお喋りしている人もいる。最近は潰れて少なくなってきたけど、未だに銭湯に行けば、女風呂はまだまだ相変わらず自分達の世間話や旦那の悪口で盛り上がっている。下町の商店街で買い物をすれば、少し量を多めにくれたり、値段をまけてくれたりする。そこで義理を感じた人は、また同じ場所で買い物をする。かつては、そうやって経済が回っていたけど、今は1円でも安い場所があれば、そっちで買い物をする。〈金の切れ目が縁の切れ目〉になってしまっているから、お店も値段を下げてデフレスパイラルに陥っている。息苦しいのも当たり前だよね。一昔前までは、そういうコミュニケーションの場や、ストレスを発散できる場所って、結構たくさんあって、それは今でも大事だと思うんだよね。そのような適度な付き合いが生活の中にあると、最近○○さん見ないよねという会話が仲間内から出てくる。それが孤立死の予防にも繋がる。

そういう場と人が社会の中にたくさん存在すると、私たちがやっている孤立死防止のための見回りなんてやる必要がなくなるのよ。私たちの活動が必要なくなること、要らなくなることが本来理想だよね。国や行政やメディアそして私たち一般市民の中では、孤立死をなくそう、予防しようと簡単に言うけど、言うだけだったら、誰にでも出来るよ。大切なのは、やっぱり普段からの程良い程度の顔の見れる繋がり。無関心と束縛の間にある、ゆるやかな繋がり。それらを、普段の生活の中でどれだけ作り出せるか、そして『生きている』実感が、どれだけあるか。何かあったときに『ひとりじゃない』と感じられるかどうか。そして、誰かから適度に必要とされている、適度に認めてもらえているというその『手ごたえ』があるかないか。同時にそれは、家族や地域、会社を超えた新しい繋がりを、どれだけひとりひとりが主体的に作れるかということも問われているんだけれども……」と彼女は言った。

彼女の話を聞いて、自殺がここ30年間で僅か数名しか出ていないという、全国で最も自殺率が低い地域のひとつ徳島県旧海部町の事を思い出した。自殺対策に取り組む関係者の調査によると、ここの地域の特徴は以下の6つである。

1. コミュニティがゆるやかな紐帯を有している
（完全に孤立する人が少ない）
2. 地方特有の身内・家族意識が強くない
（閉鎖的でない。地域の人は、皆仲間で助け合うという意識がある）
3. 援助希求への抵抗が小さい
（周囲に助けを求めることへの抵抗感が小さい）
4. 他者への評価が人物本位である
（肩書きなどでなく、人間性で評価する）
5. 意欲的な政治参画を行う
（自分にも社会に対して何かできると思っている）
6. 主観的な格差感が小さい
（それぞれに平等の可能性を感じている）

住民の一人は「町中にベンチがあって散歩中に休めるし話せるし、トイレに行きたくなったら『ちょいごめんよ』て、ひとんちあがれるから、安心して散歩に行ける。人と人が支えあえる場を、お金と効率で奪っちゃ駄目なんだ」と言う。

「助けて」と言うには勇気がいる。実際、助けを求めても、過去の人生において助けを拒絶された経験が積み重なれば、そもそも「助けて」と声を上げることすらためらってしまう。「どうせ誰も助けてくれない」と、自暴自棄になりがちである。人は皆、自分のことを認めてほしい、話を聞いて欲しいという「承認欲求」を持っている。徳島県旧海部町では、「おたがいさま」という精神、お互いを認め合い支え合う雰囲気が残っているように思う。そして、自らの意思で意欲的に社会に参画できるという意識が、「生きていてもいいんだ」という自己肯定感を生みだしているようにも見える。その結果として自殺者が少ないのではないだろうか。だが、そもそも徳島県旧海部町は、大都会と比べて人口が圧倒的に少ないので、一概に何もかもが素晴らしい町とは言い難い面もある。しかし大都会と比べて「生きやすい」のは確かであろう。

オランダのアムステルダム自由大学が住民にアンケート調査を行い「自分は孤独だと感じている人の方が、認知症のリスクが増加する」という研究を示したことがあった。孤独を感じているかどうかは、主観的な問題でもあり、判断が難しいところでもある。しかし、全く人と関わらない人よりも、適度に人と交流がある方が、脳も活性化し、認知症予防になり得ることは、誰だって頷ける。問題は、人と関わる頻度である。無関心と束縛のあいだ、緩やかな繋がりを、私たちの社会はいったいどれだけ持ちわせているだろうか？

第2章

〈対談〉
湯浅誠×中下大樹
孤立死が増える社会とは？

湯浅誠（ゆあさ・まこと）

１９６９年、東京都生まれ。社会活動家。反貧困ネットワーク事務局長、ＮＰＯ法人「自立生活サポートセンター・もやい」理事。95年から野宿者の支援活動を始め、貧困問題に関する活動と発言を続ける。２００９〜１２年、内閣府参与。著書『反貧困――「すべり台社会」からの脱出』（岩波書店、２００８年）で大佛次郎論壇賞。最新刊に『ヒーローを待っていても世界は変わらない』（朝日新聞出版、２０１２年）。

中下大樹（なかした・だいき）

１９７５年生まれ。大学院でターミナルケアを学び、真宗大谷派住職資格を得た後、新潟県長岡市にある仏教系ホスピス（緩和ケア病棟）にて末期がん患者数百人の看取りに従事。退職後は東京に戻り、超宗派寺院ネットワーク「寺ネット・サンガ」を設立し、代表に就任、「駆け込み寺」としての役割を担う。生活困窮者のための葬送支援、孤立死防止のための見回り、自死念慮者の相談、自死遺族のケア、貧困問題など、様々な活動を行っている。著書『悲しむ力』（朝日新聞出版、２０１１年）、『死ぬ時に後悔しないために今日から大切にしたいこと』（すばる舎、２０１２年）など。

―貧困や孤立死の活動に至るまで

中下　湯浅さんは、最近出された『ヒーローを待っていても世界は変わらない』という本の中で、「貧困を掘っていったら民主主義の問題に辿り着いた」とお書きになっていますよね。

湯浅　はい。

中下　私は、人間の生と死というものをずっと見つめてきた人間なんです。

様々な生と死の現場に関わる中、死から生を見たときに、社会で欠けているところとか、家族のあり方が変化してきているなとか、生きるということの基盤が、いろいろな面で揺らいでいるということに気づいたんです。その中でも貧困と自殺と、それから孤立死という問題が私の中ですごく重要なテーマとなってきました。

私は子どものときに複雑な家庭で育ち、いろいろなところに預けられ、転々としていたんです。その預けられた先でおじさんが自殺したりとか、そんなこともあったので、子どものときから漠然と、「どうして人は生まれて来て死んでいくんだろう」ということを考えていました。

そういう環境の中で自殺の第一発見者になったときに、ふと気づいたんです。私を引き取ってくれた人はすごく羽振りがよく、かつてはお金持ちで、有名な方だったたんです。世の中にはお金を持ってらっしゃる方、そうでない方、有名な方、有名でない方、頭のいい方、そうではない方とか、いろいろな方がいらして、生まれた時点からすでにスタートラインが違ったりするわけです。でも、唯一平等なことがある。どんな人にも平等に訪れるものがある、それは「死」だなと気づきました。

私は、中学を出て、働きながら勉強を続け大学院まで行き、たまたま院生の時にお坊さんと知り合って、僧侶の道に入りました。その後ホスピスで看取りを行い、看取った方は、私の中で顔、名前が一致しているだけで500人から600人ぐらいいます。

その後、生活困窮者……、つまり、路上で暮らす方とか、身寄りがない方などを中心に、今、2000人以上の方の葬儀に立ち合いました。

そこで感じたのは、今の社会には「死から生を見る視点が欠けている」ということです。同時に、人の死に方というのは、今までの生前の生き様とか、家族のあり方とか、最期に集約されるということなんです。

たとえば、ホスピスで看取りを行っていた時には、独りで亡くなっていく方もいらっしゃれば、「おじいちゃん」とか、「おばあちゃん」と家族が声をかけつつ、誰かしらそばに一緒にいたり、お孫さんがそばで走り回っている方とか、いろいろなケースがあるわけです。

その中で、独りさびしく死んでいく死を見て「不幸」であると決めつけるのは、われわれ看取る側が判断するべきではないのではないかと思ったんです。家族が最期にたくさんいたからといって、必ずしも幸せとは限らないですし、その逆もしかりなんですね。

ただ、ひとつだけ言えるのは、どんな人生を歩んできたかというのは、死とか、お葬式の場面に集約されるんだなということは、いろいろなケースを見て感じました。

たとえば路上生活者の方であっても、故人の路上生活仲間達が、お花を持って集まって故人を弔って下さるケースにもしばしば遭遇してきました。社会的にはお金には恵まれなかったかもしれませんが、人の「縁」には恵まれていたのだろうなということは、お葬式、弔いのシーンでわかるんです。

―「孤立死」をつくる社会をどう捉えるか?

中下　孤立死の問題に、亡くなったあとのお骨の問題があります。

昨日まで、南相馬の小高地区にいたんですけれども、お寺に行くと、まだ引き取り手のない遺骨が山のように積んであるんです。２０１２年12月現在では、家族が離散しているケースもあれば、その地域に戻ってこられないケースもあり、無縁仏になってしまうケースが多々ありました。

家族がいても孤立しているケースもあれば、もともと繋がりがないケースもあったりということで、孤立の問題を、今、どうしたらいいかと。

湯浅さん自身は孤立死について、どのようにお考えなんでしょうか。たとえば、おやりになっているＮＰＯ法人もやいなどでは、保証人になった方が亡くなったということも……。

湯浅　いっぱいありますね。

私、今で言う「片づけ屋」さん、便利屋さんを2003年からやっていましたので、亡くなった方のアパートの引き払いとかもずいぶんやりました。

NPO法人もやいを作ったときに、パンフレットの表紙に書いたのは、「人間関係の貧困も貧困である」というフレーズなんです。貧困というのは、お金だけの問題ではないと。

今は、「貧困というのは貧乏プラス孤立なんだ」と言っています。

学問的には、貧困というのは経済的貧困のことで、孤立の問題とかを含めて言うときには「社会的排除」というほうが学問的にはより正確らしいんです。まだそういうことを知らないとき、「貧困というのは貧乏と孤立の合わさったものだ」みたいなことを言っていましたので、今でも、そういう言い方をしています。

そういう意味で、人間関係の……、私は「溜《た》め」と言っていますけれども、「人間関係の溜めがない状態」というのが孤立であると考えています。それは、経済的な困窮とセットになっているというのが今のありようではないかなと思っているんです。

なんでセットになるかということで遡っていくと、高度経済成長期の日本の社会……、あのころにでき上がった日本の社会が、どんどん、崩れてきているんだけれども、人々のイメージはそこまではっきりとは変わっていないというところで、そのイメージと現実の間に落ち込んでしまうようなことのひとつが孤立死となって現れているんだと思うんです。それは自殺も、無縁社会といわれる問題も、貧困も同じだと思っていますけどね。

そういう意味で、構造的な問題だろうというのが私の認識ですね。

中下　湯浅さんが「毎日新聞」の記事の中で孤立死に対して社会構造的な問題であると同時に、「しかし、一家丸ごと死んでいくのを、為す術なく見送るしかないのが私たちの社会ですとは誰も言いたくないだろう」ということも書かれていました。

支えられる側に家族以外の支え手がいなかった、もしくは家庭の内情にまで関われないというか、行政にも、そういった体力がなくなってきているし、一方で、世の中の人の無関心という問題もあるのではないかとも思うんです。

現実にこうあるべきだというのがあっても、実際はできないという中で、そ

の問題をどう捉えていけばいいのでしょう。

湯浅　こうあるべきだというのは、1979年に自民党の日本型福祉社会というパンフレットの中にはっきり書かれていますけれども、「企業と家族は社会保障の含み資産だと」。つまり、「企業と家族で面倒を見てね」ということですよね。企業と家族で面倒を見るのが日本型の福祉社会なんだと。

それが大前提で、この半世紀、回ってきたわけですが、現実には、もう、企業もそこまではできないという話になってきました。また、やれるものならやりたいという家族は多いですが、それでも、できないという家族も増えてきましたよね。

そういう意味で、企業と家族で面倒を見るもんだというイメージと、現実にはそうなってません、という現実とのズレがあると思います。ですから、何かがここを埋めないと、現実には孤立の問題とかが出続けると思います。

しかし、そういうものだと、依然として思っている人は、それ以外のものを作る必要を感じませんからね。「だって、そういうものなんだから、そうすればいいだろ？」というだけの話ですから。べつに何か新しく作る必要は感じないから、そこが社会の綱引きになっているということなんじゃないかと思っています。

中下　そうですよね。

──向き合いたくない…でも、どうしていくかのステップへ

中下　実際に、湯浅さんの本の最初に「人間にとって一番難しいのは現実を直視することだ」と書かれていますけれども、本当にこのひと言に集約されているのではないかなと思ったんです。貧困の問題も、民主主義の問題もそうですけれども、孤立死の問題にしても……。

私は、新宿の百人町というところに住んでいまして、そこには、70歳でも、「若いね」と言われるような、おじいちゃん、おばあちゃんばかりが住んでいる戸山団地があります。孤立死の問題を抱えている限界集落と呼ばれている団地なんです。

私は、前に長岡西病院ビハーラ病棟という緩和ケア病棟で、いろいろな死に様を目の当たりにして、そこで学んだことを社会に還元したいなと思って

東京、新宿に帰ってきて孤立死の問題に取り組んでいます。

戸山団地で、死後2ヶ月経ってから見つかったある男性がいたんです。腐敗も激しいものでした。この男性は、隣の人との接点もなくて、「あの部屋、臭いよね」ということで外部から人が入ったら、すでに白骨化していて蛆もわき、現場は地獄絵図でした。

こういう状況は「おかしいのではないか？　なんとかすべきでは？」と考えて、団地内には集会場がありますから、「こういう状況が何故起こってしまったのか、住民同士、話し合う場を持ちませんか」と、いろんな方に声をかけたんです。

でも、そこに集まってくれたのは、結局、外部からの人間だけであって、団地の当事者の方は一人もお越しになりませんでした。なぜなら、隣の人は80歳を超えているおばあちゃんだったり、右側の人は90歳を超えているおじいちゃんで一人暮らしだったりで、明日は我が身であるにもかかわらず、そういった問題には関わりたくない、見たくないという現実があります。すごく無力感を感じました。

孤立死予備軍の当事者にとってこそ大切な問題であると思い、こちらはよかれと思ってやったことが、逆に自分たちの恥ずかしい問題を世間に晒すなということで非難を浴びることもあったりして、すごく落ち込んだ時期もあります。

今は、「そういうものだ」という前提にして孤立死問題に取り組んでいますが、当時は、そういったことがわからずにやっていて、団地の方々からバッシングを受けたこともありました。

社会問題に取り組む際に、行政の問題であるとか、住民の問題であるとか、いろいろ根深い問題はありますが、結局のところ出る釘は打たれるというか、何か行動を起こそうとしている人の足を当事者自身が引っ張るということがあると感じました。

湯浅さんも貧困の問題で、そのようなことを感じたことはありませんか。

湯浅　まあ、日本人に限らないと思いますけどね。人間って、それこそ、ゴアさんが「不都合な真実」でしたか、環境問題の映画を作りましたけれども、不都合な事実と向き合うのは誰だって辛いというか、難しいと思うんです。私だって、そうですしね。

だから、貧困問題なんかも、そんなのが、この豊かになった日本にあるわけがないんだとずっと言われてきました。今でも言う人はいます。「あるのは貧困問題ではなくて、だらしのない個人だけです」みたいな意見ですよね。

それは、そういうふうに言っているほうがいいからなんです。そう言うことによって、それは自分の問題ではなくなってくれるからなんです。それは、やはり向き合えない弱さなんだと思います。それが普通なんだと思います。

ですから、それはそれとして、苛立ってもしょうがないというか、人間って、そういうものなんですよね。

ただ、その上で、そういう否認が問題を解決するのかというと解決するわけではないので、向き合いたくなくて当然だということを認めた上で、「どうしましょうかね」ということを話していくしかないと思っているんです。

アルコール依存症の人が「おれは、その気になればいつだって酒、やめられるんだ」って思っているというのが否認なんですが、それと同じですよね。

中下　そうですね。

湯浅　自分では、これはやめられないんだ、病気なんだということがわかって、その事実を受け入れて初めて、自分では治せないものをどこの病院なら治してくれるんだろうということで病院探しを始めるわけですよね。

次のステップに行くためには必ず、否認していたものを認めなければいけないという段階が必要なんです。そうでないと、「これはどうしたらいいんだ」ということで次に行けないんです。

だからといって、「見ろ」と言って押しつけても、よけい目を背けますからね。見たくなくて当然だということを話した上で、どうしましょうかね、という持っていき方しかないだろうなと思っています。

中下　そうですね。今のお話は、私がホスピスで体験したことと、まったく同じです。

たとえば、がんの告知も、非常に不都合な真実で、できれば知りたくないことですよね。自分の命があと何ヶ月だとか、自分のパートナーや子どもが、あと何ヶ月で死ぬというのは誰も聞きたくないですし、望まないわけです。

ホスピスに入られる方というのは、都会と田舎では若干違うと思いますけれども、都会の場合は自分の意思で、最後のペインコントロール、痛みだけを薬で抑えて、あとは自分らしく生きたいという方が多いと思うんです。

でも、田舎の緩和ケアというは、ケース・バイ・ケースだと思います。大病院で、もうこれ以上、がんの治療はできませんと言われた方が在宅でとなったときに、在宅では無理な方の受け皿になっている場合があります。急性期の治療で入院は原則3ヶ月までしかできないということもありますしね。急性に対する慢性病棟のかわりの受け皿になってきているのが現実としてあるんです。もちろん、これはがんとエイズに限りますけれども。

私がいたところも、そういったところだったんです。本人が認知症などの場合、自分はがんとはわかっていないケースもあるし、わかっていても、家族が、言いづらかったり、腫れ物に触るようにし、余命が限られているのに、「早く元気になってね」という言い方しかできないという現実が、ほんとうに普通に現在もあるわけです。

だからといって、「あなたはちゃんと死と向き合いなさいよ。死について語り合いましょう」というのはちょっと違うと思うんです。

もちろん、医療者や、われわれスタッフは、本来、そうあったほうがいいのではないかと思ってはいます。それが、今のエンディング・ノートとか、終活とかのブームにつながっていると思うんです。

しかし、一方で、そうなれない人もたくさんいらっしゃるわけです。それで、死んでから、初めて、「葬式、どうしようか」ということになります。

死が近づいてきて、自分も歩けないにもかかわらず、その問題に対して正面から向き合えないし、家族も、なかなか、そういった深刻な話ができない。でも、そういう状況もあるという前提の中で、どうしたらいいかということを考えなければいけないわけですよね。

湯浅　ということだと思うんです。

今のお話で思いだしましたけれども、親父が11年前に死んだんです。闘病生活1年半でした。

そのときに、親父にがんの告知をするかどうかで、うちの母ちゃんが最初のころ、拒否反応を示していました。議論すること自体に拒否反応を起こしてしまって、どうしようもなかったんです。そうとう精神的に参っていたからだと思うんですけど。
そういうときに、その話をしつこく持ち出しても、よけい拒否反応が強まるだけですから、やはり待つわけですよね。お袋の調子が、もうちょっとよくなってきたら、その話ができるだろうなと思いながら、まずは当面、お袋の調子がエンパワーされていくというか、一時期のショックから立ち直ってくるのを待つしかないわけです。そういう中で、話ができるように働きかけをするわけです。
それと同じですよね、社会の問題もね。

中下　ええ。

湯浅　だから、認めたくないという気持ちを、けしからんと頭ごなしにやるのではなくて、認めたくないのは当然だというふうに受け入れた上で認められる強さをつけていくということなんだと思います。
弱さを認めるというのは強くないとできないですからね。

中下　そうですよね。そこは大事な視点だと思うんです。
孤立死の問題に関わっていて、すごく感じることがあるのです。新宿の、私

が見回りをしている現場の中の一軒家には、孤立死をされた方の、まだそのまま片づけられていない部屋があるんです。遺体は、もちろん、もう火葬されていますが……。

その孤立死があった部屋の2階に住んでいる方は、明日死んでもおかしくない状態なんです。朝、目が覚めること自体がいやだと言っている80歳ぐらいのおばあさんなんです。その方は、ご自分で「いつ死んでもいいや」とか、けっこう自殺願望もある方なので、死について、どう思っているのかと話をするんです。

「亡くなったら、お子さんとも、なかなか連絡が取れないようなので、月に2、3回来ているぼくが第一発見者になるよね。そのときに、どうしてほしいの?」

というような形で、さりげなく聞くんです。でも、その問題になってしまうと、「死んだら、そのへんに骨を撒いてくれればいいや」とか言われてしまって、お墓をどうするとか、真剣な真面目な話ができないんです。

本人は亡くなっても、残された者にとっては骨は残るわけで、その遺骨をどうしたらいいのかという問題は依然として残るわけです。私が持っている永代供養墓に入れたいというのであれば、「わかりました」となるわけですけれども、もう5年ぐらい通っているんですけれども、そのあたりの話になると、お茶を濁すようになってしまい、なかなか難しいですね。

また、路上生活者をパトロール（見回り）していて、深刻な病状を抱えている人に出会った場合、どうしても病院に入ってほしいと思う人に、「病院に行こうよ」と言っても、拒否されてしまうというケースも経験しています。

今の湯浅さんのお話を聞いて、それを当然とした上で、できることをやっていく、その中で弱さを認めるということが大事なんだなと思いました。

湯浅　それ以外にやりようがないですよね。

中下　そうですよね。

一方で、福島で起こっている問題も似ているのではないでしょうか？　放射能の問題でも、安全だというグループと危険だというグループがあり、圧倒的に前者が多いわけです。学者さんとか、お医者さんの多くが安全だと主張して、後者が孤立しがちです。

東京にいて、「福島の皆さん、あなたたちは危険な地域に住んでいるのだから放射能の問題にきちんと向き合いなさいよ」と言っても、そういった現実は見たくないというのが現実に現地で生活をしていらっしゃる方にはあると思うんです。

そうした方に対して避難しろとか、外部からはいろいろ言いたくなるのはわかるんですが、それはがんの告知の問題などに似ていて、自分にとって不都合なことは認めたくないし、考えたくもないという状況を象徴しているのではと感じます。

湯浅　放射能の問題については、みなさん、向き合う、向き合わない問題とは別の要素もありますよね。やはり生活があるので、生活基盤と放射能のリスクと取引関係の中で、それぞれ考えられている方がたくさんいると思います。

世の中が貧困を認めないというのとはちょっと違ったレベルだと思うんです。認めた上で、それでも職場の問題とか、家族が離散することによるマイナスの影響とか、そういうことを考えながら留まっている方もたくさんおられますものね。

中下　なるほど。確かにそれはありますね。

―地縁コミュニティの変容、社会の変容

中下　湯浅さんが、『ヒーローを待っていても世界は変わらない』という本の中で、事実を直視することがいかに難しいか、しかし、それを放置していても、誰も幸せにならないよ、だからこそ、みんなで話し合うような環境が大事なんだとお書きになっていますよね。

じゃ、この問題をどうするかということが、今後、大事ですね。

孤立死に関して言いますと、死後、誰にも発見されずに蛆が涌いて、においがひどくなったから、警察に通報して入ってみたら孤立死していたという問題とどう向き合うのか？　ひとりで亡くなっても頻繁に家族が出入りしていれば、また、隣近所の人と日常的につながりがあれば、死後2ケ月も発見されないということはありえないわけです。しかし、一人暮らしの方が社会的にどんどん増えてきて、孤立化してきている。孤立死は、病院死があたり

前の環境の中、「おひとりさま」の死を剥き出しの形で突きつけるわけです。
東北では、もともと医療過疎地で、そこに今回の津波が来て、さらにお医者さんが流出してしまったということがあります。
もともとあった問題が、湯浅さんのおっしゃる構造的な問題に、より拍車がかかることによって、さらに突きつけられたという感じがしますね。

湯浅　そうですね。

それも、遡ると、高度経済成長期のことがあるんじゃないかと思っています。人が田舎から都会にたくさん出てきて、そこで核家族を作っていったということがひとつ。

もうひとつは、地縁コミュニティから社縁コミュニティに所属が変わっていったということですね。

中下　そうですね。

湯浅　今回の被災地なんかは地縁コミュニティが強い地域ですけれども、結局、しがらみなんだ、前近代的なもので、あまり好ましいものではないというふうに社会全体としては位置づけたんですよね。

だから、都会では、地縁コミュニティで、すごく一生懸命、やってる人って、変わり者扱いなんですね。むしろ、マンションの隣の人を知らなくてもなんの不都合もありません、というようなことを言うほうが都会人っぽい都会人というか(笑)、そういう位置づけだったと思うんです。

その意味で、地域コミュニティって、作るものではなく、自分が生まれるずっと前から連綿とあるものなんです。自分がオギャアと生まれたときから、そこにあるものでした。

トラブルが起こったときに長老が出てきてどうするとか、ここで寄り合いをやって決めていくんだとか、そういう文化とか作法は自分が生まれる前からそこの地域にあるものなんです。

そして、核家族プラス会社共同体でやっていくんだということで、高度経済成長後やってきたのが、今では両方、力が落ちてきた、となれば、それは孤立するのはきわめて当然ですよね。

そこに不思議は何もないと思うんです。

だけど、そのときに出てくる問題は、コミュニティがあるところから、出てきて家族を作り、会社に就職もしたけれど、コミュニティ作りをした経験が多くの人にないということです。

その縁作りの経験がないということに、私たちは、今、孤立という課題でぶつかっているんです。それはＮＰＯなんかもうまく作れないとか、そういう問題とも全部、結びついているんだと思います。

だから、逆に言うと、みんなで引き受けるしかない課題なんです。だって、みんなで、敗戦の焼け野原から立ち直りましょう、経済成長を日本一丸となってやっていきましょうということでやってきたわけで、その必然的な結果として、こうなっているわけですから。

中下　それはすごく大事な視点ですね。みんなで引き受けていく課題だということですね。

病院や在宅で看取りをやってきた中ですごく感じることがあるんです。特に男性に多いんですが、まだ歩けて、自分の力でなんでもできるうちは自分の力というものを信じているので、人にああしろ、こうしろという命令口調の人が多いんです。でも、そういう人も自分が寝たきりになってしまう場合があるわけです。で、ウンコ、シッコを誰かにやってもらわなければいけなくなってきます。

人間、誰しも病気の末期になってくると、そういう状況になるわけですが、そうなってくると、「夜になって電気を消すと、このまま自分は目が覚めないんじゃないか、このまま死んでいくんじゃないか。かつて羽振りのよかった自分は駄目になっていって、トイレにも行けないままあがき苦しみながら死んでいくんじゃないか」というので、私とか看護師さんの手を捕まえて、「夜が来るのが怖い」「独りにしないでくれ」「そばにいてほしい」と言う人がいます。でも、ちょっと体調がよくなると、また命令口調で怒鳴ったりするんですけどね(笑)。つまり、人間って常に変化しているんです。

この本の読者の方は比較的、今は元気な方が多いと思うんです。「孤立死なんか自己責任だ」という人も多いと思います。それは、元気なときはそう言えるかもしれないんですけれども、自分が寝たきりになって、1日中、部屋の天井を眺めて、「ああ、おれはこのまま死んでいくのかな」というような状況になったら、誰かの手を掴んで、「そばにいてほしい」って泣きながら言う人も多いんじゃないかと思うわけです。
そのときのためにも、できれば見たくないという現実を認めた上で、社会で起こっている現実をみんなで引き受けることは逆に、みんなにとって幸せというか、みんなにとって生きやすい社会を築くことにつながるのではないかと思います。

湯浅　結局、自分に返ってくることですからね。
それは自分に返ってくるんですけれども、「自分に返ってくるぞ」という威し方も、また、いかがなものかという問題がありまして(笑)。

中下　それは、また難しい問題だ(笑)。

湯浅　今回の震災の被災地でも、「受援力」ということが言われました。支援を受ける力ですよね。支援するほうもそうだし、支援を受けるほうもそうですが、そういう力って、一朝一夕にはつかないんですよ。日ごろから、そういうことに慣れていないと……。
やっぱり、そういうときのための、いろいろな実戦とか訓練、シュミレーションだと思えば少し気も楽になるんじゃないかと思いますけど。でも、なんとかできているうちは、おっしゃるように、自分一人で生きているような気に、どうしてもなってしまいますからね。

中下　ぼくもそうですしね(笑)。

ただ、今の社会で生きていく以上、そう思わないと生存競争の中では生きていられないということもあると思うんです。常に自分はできるということをアピールしていかないと切り捨てられてしまう。自分の弱さを受け入れるというのはすごく大事だと思いますけれども……。

たとえば、自死遺族と話をしていて感じるのは、自分のパートナーや子どもが自殺したということを会社だとか学校で言える人は、ほぼ皆無に近いんです。

また、政府や行政が「自殺は防げる」ということを言っているのを聞くと、「私は駄目な人なんだ」と思ってしまうと言うんです。つまり、社会は自殺は防げると言っているにもかかわらず、自分は大切な人を守れなかったと。

被災地でも、サバイバーズ・ギルト（生き残ってしまったことに対する罪悪感）と言って、手を握っていたんだけれども、その相手が津波で流されて

しまったことに対して自分を責めてしまっているケースをたくさん聞きました。それと似ているると思うんです。

湯浅　そうですね。

中下　結局、そこの問題に辿り着いてしまうというか……。

湯浅　サバイバーズ・ギルトみたいな感情というのは、当たり前に、みんなが持つもので、自然な感情だと思うんです。大事な人を亡くしたら誰でもそうなるんだと思うんです。

結局、それって社会全体に、回り回って閉塞感を漂わせていくことになるので、そんなのは自分で立ち直ってくればいいじゃないかと言っていると、結果的に自分で自分の首を絞めるようなことになってしまうんですよ。

それが、同じ社会で生きるという意味なんだと言いますけれども、頭の中では切り捨てることはできても、実際にその人が調子が悪くなって、一生、働けなくなって、暮らしが成り立たなくなり、これから一生、生活保護だということになったら、そのお金は社会で払わなければいけないわけです。そういう意味では、どうやっても自分に返ってきてしまうわけです。それがひとつの社会に暮らすという意味で結局、皆で引き受けることが……。まあ、覚悟の問題にしてもしょうがないんですけどね。

中下　そうですね。

湯浅　それを引き受けていくしかないんだということを、どういう形で伝えていったり、拡げていったりするか。その工夫や、ツール、仕掛けが重要ということなんだと思っています。

―残された人たちに何を引き継ぐことができるか？

中下　お葬式を今まで2000件以上やらせていただいていますけれども、8割、9割は生活困窮者で、直葬といって、いわゆる火葬のみのケースがほとんどで、1日2件とか、やらせてもらったりしているんです。ほとんど無償です。

今日も、昼間、孤立死のケースが1件。それから、部屋で事故というか、殺されてしまったという訳ありのケースの片づけをやって来ました。

いろいろな現場を見させていただいて、すごく感じることなんですが、「自分は孤立死してもいいや」という人が結構な割合でいると感じています。しかし、本人はそう思っているかもしれませんが、まわりの人は、必ずしも孤立させていいとは思っていないケースがしばしばあるなと感じています。

人の死というのは、多かれ少なかれ、周囲の人に影響を与えることは絶対にあると感じています。

地縁や家族の繋がりが弱まったといっても、もともと縁というのは、お父さんとお母さんがいるから、私が、今、存在しているわけであって、ほんとうに無縁だったらそもそも私は生まれてくることはできません。

我が家は両親が離婚し家庭崩壊でしたから、私は家族との接点がない人間ですけれども、それでも、父と母という縁があったからこそ私が生まれてきたわけですよね。そういう意味で、「無縁」ということはありえない。だからこそ、親がどういう死に方をするかというのは、残された者にとっては切実な問題だと思います。

人は必ず死から影響を受けるというのがひとつ。もうひとつには、人の生き方というのは急には変われないなあと、現場にいて感じます。

ホスピスで、「こういう死に方っていいなあ」と思えるおばあちゃんやおじいちゃんの看取りをさせていただきましたけれども、それには、「自分はこういうふうに死んでいきたい」ということを普段から考えていないと駄目なんだなと痛感させられました。

端から見ていて「見事な最期」を迎える方は、命の問題とかを、常日頃からいろいろ考えていた方たちなんです。自分の死を前提とした上で、残された人たちに何を引き継いでいくかということをしっかり考えて生きてきた人というのは周りにも非常にやさしかったですね。

若造で、失敗ばかりくり返す私を笑って許してくれたというか、「兄ちゃんも頑張ってるねえ」という感じでした。ぼくがおろおろして、何を話したらいいのかなというときでも、向こうから察してくれたりするんです。人に対する包容力を非常に感じました。

一方、死期が迫った時、死について語ることのできない人も当然います。そういう人が末期になって急に変わるかというと、そういうことはほぼないと思います。だから、健康なときにどれだけ考えられるかというのが、そのまま人生の最期に直結しているんじゃないかと思います。

それは被災地に行ってても感じたことで、津波が来るときに、自分の子どもを先に高台に避難させて、そのあと、おばあちゃんを助けに行って流れさた人とかもいっぱいいるんです。最後、津波に流されていくときに、子どもに「生きろ！」って言った人もいると聞いています。

そういったことというのは……、これは覚悟の問題にはしたくないんですけれども、普段から人間の生き死にについて考えていたり、どういう人生を送りたいのかということを常日頃から考えていないと急にはできないことだと思うんです。

湯浅　そうですね。

中下　孤立死の問題も、自殺の問題もそうですけれども……、たとえば60歳の男性が孤立死したとすると、その人は55歳のときに仕事をクビになり、56歳で奥さん、子どもに逃げられ、57歳で多重債務になり、59歳で鬱になりというような多いプロセスというのが、現場を経験するにつれだんだんに分かってきています。

孤立死が起こってから騒ぐのではなくて、例えば、孤立死が起こるリスクがある方に対して、孤立死する前から関わることで弁護士さんが入って多重債務が解決していれば、その人は死なずにすんだかもしれないということも分かります。それには、死から生を見る視点が社会には欠けているのではないか？　今まで、どういうふうにして幸せになるか、お金持ちになるかというばかりの右肩上がりの成長の中で生きてきた私たち。人生を逆算して、考えるという発想が今後必要ではないか？　多死社会の中で、その問題は考えざるを得ないんじゃないかなと最近、思います。

湯浅　ようやくですかね。

貧困問題も、この間、人生のプロセスを辿るような形で実態調査を出しました。みんな、どこかの時点で、だんだんとトラブルが積み重なってくるんです。

児童虐待を受けた生育歴を持っていても、普通にやってる人もいれば、いまだに、それで苦しんでいる人もいるわけです。その分かれ目はどこなんだということで、いろいろなカテゴリーの人たち、ホームレスの人、多重債務者の人、児童虐待の人、DVの人たちに聞いていったら、結局、そのプロセスは自殺のプロセスと非常に似ているということが分かったんですよ。どこかで決定的な……、キラー・ショックと呼びますけれど、ショックがあって、そういう中で人生がうまくいかなくなってしまっているわけです。そういうことがだんだん蓄積されていくと、どの段階で、どういう介入ができれば、そこまでいかないのか……、という予防的な観点が積み重ねていけるようになるんです。それもこれも、以前に比べれば、こうした課題に目が向き始めたからなんでしょうね。

「否認」ということを言いましたけれど、そうは言っても、認める人が増えて、じゃ、どうしたらいいのかということを考える人が増えて、結果として、こうしてみよう、ああしてみようという動きが出始めたということです。そういう意味では少しずつ、物事は進んでいるんだと思います。それが希望かなと思いますけどね。

中下　エリザベス・キューブラ・ロスという精神科医は著書『死ぬ瞬間』の中で、全ての末期患者がこのような経過をたどる訳ではないと書きつつ、

①否認（自分が死ぬということは嘘ではないか）
⇩
②怒り（なぜ自分が死ななければならないのか）
⇩
③取引（なんとか死なずにすむように取引をしようと試みる）
⇩
④抑うつ（なにもできなくなる）
⇩
⑤受容（最終的に自分が死に行くことを受け入れる）

と言っています。今のお話は社会のあり方にも通じるものがあるような気がします。

――パーソナル・サポート・サービスとは？

中下　増えつづける孤立死について、では、どうすればいいかということですが、国とか、内閣府、厚労省の動きの中で、湯浅さんが尽力されてきたパーソナル・サポートのシステムがありますね。

具体的に、そのへんのところについて、お聞かせいただけますか。

湯浅　要は企業と家族で、もう全部はやれないということを認めましょうということですね。

自治会だって、もっといろいろ活躍してもらうことはできるし、その必要があるので働きかけをしていくけれども、自治会だけに全部、任せておけるかというと、もう、そうでもないでしょう。消防団も同じで、いろいろなところが、かつてほどの力を持たなくなってきているわけです。そこをどうやって埋めていくかということだと思います。

ですので、内閣府参与のときに、パーソナル・サポート・サービスというモデル・プロジェクトを始めました(注:パーソナル・サポート・サービスの詳細については、次ページのホームページの内容を参照)。それはひと言で言うと、「制度に乗らない人の制度」なんだと言ってきました。「制度に乗らない」というのは、公的な制度もそうですが、企業と家族などのインフォーマルな制度……、セーフティネットも含めて。それが、このモデル事業なんで

パーソナル・サポート・サービスについて

内閣府 http://ps-service.jp/about

家族・地域・企業によって支えられない人は打ち捨てられても仕方がない。そういう社会は、結果として無縁・自殺・貧困が広がり、活力を失います。パーソナル・サポート・サービス（PS）は、誰もが持っている一人ひとりの可能性を開花させるため、「人が人を支える」社会の仕組みづくりを目指しています。

失業や災害等が原因で生活の歯車が狂い始めると、生活苦やメンタルヘルスの悪化など複合的なトラブルを抱えるに至ってしまうことがあります。公共サービスがあっても、その人を気遣い、サービスにつなげる手伝いをする人がいないと、縦割りの隙間に落ち込んでしまうこともあります。

PS は、一人ひとりに寄添う伴走型の支援を行うことで、生活破綻を食い止め、居場所や就業を通じた社会参加を確保し、その人が再び元気に歩き始めるお手伝いをし、社会の絆を再生したいと願っています。

内閣府参与　湯浅　誠

（2010 年の内閣府 HP から。当時、内閣府参与であった湯浅誠さんの文章です。）

リンク集

パーソナル・サポート・サービス（PS）は、以下の地域で実施されています。

名称・Web	実施地域
北海道釧路市	地域パーソナル・サポートセンターえにぃ
岩手県	いわて県南地域パーソナル・サポート・センター
岩手県	これからのくらし仕事支援室
新潟県	新潟県パーソナル・サポート・サービス・センター

千葉県野田市	野田市パーソナルサポートセンター
千葉県柏市	柏市地域生活支援センターあいネット
東京都足立区	足立区いのち支える寄り添い支援事業
神奈川県相模原市	さがみはらパーソナル・サポート・センター
神奈川県横浜市	にこまるカフェ相談室
神奈川県横浜市	横浜パーソナル・サポート・サービス 生活・しごと∞わかもの相談室
静岡県浜松市	浜松市パーソナル・サポート・センター
岐阜県	岐阜県パーソナル・サポート・センター
長野県	ながのパーソナル・サポート・センター
滋賀県野洲市	しごと・くらし相談コーナー (市民生活相談室併設)
京都府	京都自立就労サポートセンター
京都府京丹後	京丹後市『くらし』と『しごと』の寄り添い支援センター
大阪府	大阪府パーソナル・サポート事業推進センター
大阪府豊中市	豊中市パーソナル・サポート・センター
大阪府吹田市	パーソナルサポートセンターすいた
大阪府箕面市	就労するための問題に対する支援 (パーソナル・サポート・サービス)
大阪府大阪市	大阪市パーソナル・サポート・モデル推進事業推進室
大阪府八尾市	八尾市パーソナル・サポート・センター
大阪府柏原市	柏原市パーソナル・サポート・センター
島根県	島根県パーソナル・サポート・センター
山口県	パーソナル・サポート・センターやまぐち
徳島県	パーソナル・サポート・センターとくしま
香川県	香川求職者総合支援センター (パーソナル・サポート・センター)
福岡県	絆プロジェクト
沖縄県	就職・生活支援パーソナル・サポート・センター

す。生活・就労一体型支援と言ったりしていましたけれども、今年でモデル事業を始めて3年目になります。来年度以降、恒久法化しようということで、今、「生活困窮者支援に関する法律」という法案を厚生労働省が中心になって作って、国会に上程しようということで話を進めているところです。

しかし、その中でぶつかるのも「否認」の問題なんです。そんなことをやる必要はないだろうとか、お金の使い道として、もっと大事な使い道があるだろうという議論に必ず直面します。今、まさにせめぎ合っているところです。

中下　イギリスにあるホスピスにはおもしろい所があるんですよ。

Aさんという患者さんがいらっしゃって、その方に関わっているドクターやナースが、Aさんに関して、どう関わっていったらよいのかということを、カンファレンスを通じてみんなで話し合うんです。

そのときに、ボランティアさんにも入っていただくんです。ボランティアさんといっても、花の水替えとか、話相手をするだけの方もいれば、もともと以前は銀行員で、自分は資金調達のプロとしてやっていましたという方も

カンファレンスのメンバーに一しょになって参加していたりします。この患者さんは○○が好きだから、次回はみんなで○○しようとか、いろいろ検討するんです。

いいケアをしようと思ったら当然お金がかかります。でも、生活困窮者の方もいらっしゃるので、病院としてもなかなかお金が足りません。しかし、自分の妻をホスピスで看取って、病院によくしてもらったので今はボランティアとして関わっていますという元銀行員は、「ぼくはケアとか、薬のことは全然、わかりません。でも、資金調達のことはわかります」と。その患者さんに○○してもらうにはいくらかかるということがわかると、そのカンファレンスの席上で、「私にはいろいろな〈つて〉があるので、行って来ます」と言って、1週間後のカンファレンスで、どこどこの支援団体にいくらもらいました、みたいなことを報告するのです。それで、チーム一同みんな、拍手するんです。

日本の場合はそもそも医者と看護師さんとの間の対立が多々あります。また異業種の方とか、ボランティアさんを、自分たちは国家資格を持っているんだという自負から低く見ているところがあるんです。戦力として見ていない部分があるのでイギリスのようなことにはまだまだなっていないのです。「この患者さんのために、何かしてあげたいね」というときに、お医者さんや看護師さんは薬のこととか、ケア、治療のことはできますが、普通の人は治療とかは関われません。でも、このケースのように、「ぼくは資金調達のお手伝いはできますよ」とか、「ぼくは音楽のプロだから、音楽のことならできますよ」と、いう人が同じテーブルについて話しあい、患者さん、家族のために知恵を出し話しあう形というのは素敵だなと思いました。

——互いに、役割と、今できることを認める

中下　孤立死問題に関しても、そのような試みが必要だと思うんです。

湯浅　そうですね。

うまくできているところもないわけではないんです。私も、協働型のカンファレンスというのが持てるかどうかが試金石だみたいな話をして、それを促していったりもしました。

うまくいくところと、いかないところがある理由はわりとはっきりしています。うまくいかないところは、結局、相手の役割を認められないんです。あなたはこういう人だから、これをやってほしい、あなたができるのはこれだということで、それぞれの役割と、今できることを認めることですね、まず。

それでも全員、手が及ばないところが出て来ることがありますので、そうなったら、では、それについてはどうしましょうか。ということで、みんなが知恵を絞るということができると協働型のカンファということになるんです。

うまくいかない場合は、相手に求めてしまうんです。「あんた、もうちょっとやれるはずでしょ」と。それをお互いがお互いに対して言いだすと、みんな、いやになっちゃうんです。

あそこに行くと、よけい大変なことになる、できないことまでやれと言われると。そうやって責められるという感じをみんなが持ち帰るようになってしまい、もう、あそこには行きたくないというふうになってしまいます。

民間から見ると、行政はもうちょっとできるだろうと見えるんですが、それは、「今はそこまでなんだね」ということを認めて、じゃ、民間はどこまでできるんだろうと考えることも必要ですね。でも民間だって、私たちはここまでしかできませんと。それだったら、ここの穴を埋めてくれる人って、ほかにいないんだろうかというふうにして、地域の中に探しに出たり、誰かいないかと探したりすることができると、力を合わせられるはずなんですけどね。

その態度とか、作法とかが、けっこう決定的だなと思います。

中下　そうですよね。

私は、新潟県にある長岡西病院ビハーラ病棟に、宗教者というか、チャプレンという形で入っていました。

そのときに感じたのは、病院のヒエラルキーのトップはお医者さんなので、患者さんとか、ご家族は、お医者さんに対しては、面と向かっては、「先生、ありがとうございます」ということになってしまいがちなんです。陰ではみなさん、文句を言っているんですけれどもね。

そのときに、「お医者さんには言えないんだけれども、この人には言えるよな」とか、看護師さんとか医療従事者には言えないけれども、こいつには言えるとか、ボランティアには言えるけれども、お医者さんには言えないとか、いろいろなケースがあるんです。

そういう中で、医療従事者と患者さん、それからご家族の間に入って、お互いの話を聞いた上でバランス調整をしていくというのが私の役割だったんです。

そういうことを踏まえて考えますと、調整はすごく大事なんですが、私の病院での仕事の位置づけは、診療点数にならなかったんです。病院では、薬が何点、注射は何点ということで、点数にならないのはお金になりませんから低くみられます。だから「調整」が大事なんだという認識もまだ少なかったように思います。

しかし、患者さんたちの側からは、「あの人がいたからお葬式の話もできたし、故人との思い出話もできました。そういう話は、お医者さんや看護師さんは忙しそうだったからとても話せなかった」という声もありました。診療点数（医療行為）にはならないことであったとしても、自分の不安な気持ちを聞いてくれる分かろうとしてくれるというその気持ちは、病院に対する信頼感に変わっていくのではないのでしょうか。

医療従事者と患者家族の両方の溝をどう埋めるかというのは、お互いの話をよく聞いた上で落としどころをどこに持っていくかがすごく大事なことなんだと思います。しかし、お互いが相手の話を聞かず、一方的に自分の考えを押しつけ、「おれが、おれが」という自我意識が、私も含めて人間には多々あるかと思います。

湯浅さんも民間と国の間に入って板挟みの中で大変だったんだろうなと、思います。

両者の溝をどう埋めていったらいいのかということですが、この前、湯浅さんは講演で、被災地でも孤立死があったりすると、「あんなに見回りをやったのに孤立死を防げなかった」というような空気が発生することで、その地域全体が地盤沈下してしまう。そのような中、例えば、仮設住宅の中心部に灰皿を持ってきて住民どうしが話せる場所を作るとか、名刺を作って、住民

一人ひとりに見回り部門などの肩書き＝役割を与えることでつながりを回復しようと提言できるかが大事だということをおっしゃっていたと思うんです。
今後、孤立死の問題に限らず、あらゆるところで、こうしたらいいんじゃないかなという提言が、どれだけできるかということだと思うんですけれども。

湯浅　そうですよね。

試行錯誤だと思います。これさえやれば全部、解決なんていう解決策はあり得ないですからね。

パッチワークみたいに、ちょっとずつ、ちょっとずつ進めて、うまくいくものもあれば、いかないものもある、こっちでうまくいったからといっても、こっちに持っていったら必ずしもうまくいくわけでもないと。そういう意味では試行錯誤するしかないと思うんです。そういう試行錯誤によって、地域の課題解決力というのは高まっていくと思います。そういうことを通して、人としての財産やノウハウの財産も増えていくと思うんです。

そこはお金が貯まっていくわけではないかもしれないけれども、結果的に

は社会全体の富が増えていく、一人ひとりの人が生き生きとやっていける環境が整うことによって回り回っていくというふうに考えられれば、財産だというのも、あながち、ただのきれい事ではなくなると思っているんです。

中下　そうですね。

湯浅　そういう意味では、これも、さっきの話と同じなんですけれども、「私たちの社会って、そういうものをちゃんと蓄積してこなかったし、そんなに重要だと思ってやってこなかったね」ということを認めないと、次に行かないんですよ。

中下　認めるということですね。

湯浅　とっても難しいんですけど、とても大事だということですね。

私は、たくさんあると思ってるんです。被災地はもちろんそうですけれども、日本の、いろいろな地方と言われるところに行って思うんですが、今は地方都市とも言えないような地域で、かつての産業も衰退し、高齢化も深刻だし、だからといって大企業が誘致したら来てくれるというわけでもないなとわかっちゃってる地域って、そういう外頼みができないからこそ、じゃ、今ある自分たちの資源を、どうやって活用してやっていくかという内発型発展を真剣に、みんなで考えられるようになっているんですね。幸か不幸かというか、大変だからこそなんですけれどもね。

そういうところで積み重ねてきている試行錯誤って、むしろ、私たちから見て学ぶものがたくさんあるんです。

それが横に広がっていくことが大事だと思っています。

そういう意味では、日本も、全国に、いろんな実践例があると思うので、それをちゃんと学び合ったりすることが、これからだんだんと強まっていくとは思いますね。

それは、世の中が高度経済成長型の右肩上がりの時代から、少子化、高齢化、人口減少という違ったモードになってきたことの現れなんでしょう。走る向きが変わると、後ろのほうを走っていた人が前に立っていたというようなことが、いろんなところで起こっているんです。

高度経済成長期は、みんな、都会に追いつこうとして、いろいろやってきたけど、今、逆向きになってくると、ずっと後ろのほうだと思っていたところで蓄積されたものが実は先進的だったりしているんですね。たぶん、そういうものの先に、バングラデシュでムハマド・ユヌスさんがマイクロクレジットと呼ばれる貧困層を対象にしたグラミン銀行を興したみたいな話がさらにある、ということになるんだと思います。

中下 そうですよね。ノーベル平和賞も、いろいろと試行錯誤と蓄積の中から生まれるわけですね。

――支援する人たちの今、そして支援者の支援も

中下 私は病院に勤めていましたので、支援者の支援が一番必要だなと感じていました。それは、ひと言で言うと看護師さんへの支援だと思うんです。最先端の現場で一番働いているのはナースなんです。そのナースたちが、パートナーの愚痴だったりとか、給料が安いという不満や不平を抱えながらだと、どうしても顔に出てしまって、患者さんとか、家族にもきつく当たってしまうんですね。でも、自分の不平不満を誰かが聞いてくれたり、シェアできる関係があれば、「明日も、また頑張ってみるか」となるわけです。

孤立死予防などは保健師さんが一生懸命やっていますけれども、「もっとやれ、もっとやれ」という社会からの圧力の中で疲弊していってしまいます。NPOもそうですが、そのあたりのことは、あまり言われていないなと思います。

いい病院というのは、ひと言で言うとスタッフが辞めない病院だと思います。外部評価ももちろん大事ですが、ほんとうにそこで働きたいなと思ったらスタッフは辞めないと思うんです。

辞めるというのは何か問題があるから辞めるわけです。

また、いい病院の基準は自分の家族とか、自分の大事な人をそこの病院に入れたいと思えるかどうかということだと思います。

でも、現場を知っている医療従事者たちは「自分の大切な人を自分の働いている病院に入院させたくない」という人が結構多いんです。いやだという人が多いんです。それは、自分の病院はろくでもないからだということになりますよね。

湯浅　たしかに、自分が食べたくないものを作るレストランは、いいレストトランだと言うわけにはいかないでしょうからね。

中下　ええ。

湯浅　「支援者の支援」というのは、結局、理想的には誰が支えられていて、誰が支えているのか、よくわからない社会だからなんだと思うんです。もう少し直接的に、いろいろな形で表現、あるいは形にしていくことが大事なんだと思います。

　私の兄貴は障がい者で、作業所に通っていますけれども、兄貴の作業所を作ってくれている人って間接的に私を支えてくれているわけです。私たちの家族を支えることになって、それで私が支えられているという関係なんです。そこに、私の税金もなんらかの形で使われているんでしょうけれども。

　そうした身近なところで、支え手を支えたり、支えられ手が支え手になったりということを見えるようにしていく必要があると思います。そうした費用対効果を、ちゃんと社会的に見えるようにするということも、これからはやっていく必要がありますよね。

　被災地でも、被災地でなくてもいいんですけれども、おばあちゃんたちが

お茶飲み会をやって、そのお茶菓子代が500円とします。でも、このおばあちゃんたちが子どもの面倒を見てくれることでお母さんたちが仕事に出られるんだとすると、そのおばあちゃんたちのお茶菓子代である500円というのは何倍かの富を生み出していて、プラスが大きいわけです。

ここで、おばあちゃんたちのお茶飲み会をやることは500円ずつお金が消えていく、出ていく、負担になると考えるのか、そういうことを通じて社会全体にプラスがもたらされていくと考えるのかによって、このおばあちゃんたちは支えられ手なのか、支え手なのかが変わるんですよね。

中下　なるほど。

湯浅　そういうところを一つひとつ見えるようにしていくことで本人たちの無力感とか、徒労感も変わってくるんです。

中下　そうでしょうね。

湯浅　私も、そういう現場でやっている人たちに話をしたりすることがありますけれども、目の前の課題にずーっと追われているので、やってもやってもキリがない感があります。それですごく疲れてしまってる人がいるんです。

そのことの社会的な意義みたいなものが感じられないんです。実際に目の前にいる人は、そんな、いい人ばかりではないんだから。けっこう、クレームをつけられたり、いろんなことがあって、「何をやってるのかなあ……」みたいな感じになってる人は少なくないんですよ。

でも、先ほどの例のように社会に繋がっているし、社会に貢献しているし、本当は富を生み出しているんです。『ヒーローを待っていても世界は変わらない』という本では「隠れた稼ぎ頭」という言葉を作ったんですけど。

そういうことが伝わっていくと、もう少し元気が出るかなと思ったりもしています。

中下　目先の数字だけで合理的に判断されて、埋もれてしまうんでしょうね。

湯浅　みんな、そうですよ。会社も、行政も、個人も、長期的な利益が見えなくなってしまっているんです。短期的な決算に目を奪われてしまって、かえって長期的な利益を失っていっているという感じがしますね。

中下　孤立死の問題も、まさに、そこが問題ですよね。

あとは企業ですが、新聞、郵便、宅配便とかの方が例えば新聞が何日分もたまっていることに気づいたり、電気、ガス、水道などのインフラ関連が孤立死のリスクがある方への訪問をくり返す中で最悪の事態に最も早く気づいたりする訳ですよね。そことの連携……、連携という言葉は好きではないんですけれども、どう関わっていけばいいのかというのが課題になってくると思うんです。

そのへんは、どう考えたらいいんでしょうか。

湯浅　できている地域もありますよね。大阪府豊中市なんかは、総掛かりでやっています。

また、住民同士の関係も強化するということもやられているところもあります。

私たちの側の課題としては、いかにメリットを提示できるかということだと思うんです。メリットというのはお金だけではなくて、やり甲斐とか、意義とかということも含めてですけれども。

たとえば、新聞を配るだけではなくて、そのときに、こういうこともチェックしてやってください、ということを頼むということは、その人たちがやる

ことが増えるわけです。増えるけれども、でも、それでもやろうと思っても
らうためには意義を感じてもらわない限りは駄目なわけです。そういう意味
で、こちらが、どういう繋がり方ができるか、何を語れるか、提示できるか
ということを、結局、問われているんだと思います。

もちろん、やるべきかどうかと聞かれれば、「それはやったほうがいい」と
答えるわけですけれども、「やったほうがいい」と、私が今、ここで言っても、
みんながやってくれるわけではないんです。

やってもらうためのノウハウを、それぞれが身につけていくというのは、相
手が企業であろうと、孤立している個人であろうと、自分自身は孤立してい
ない地域の人であろうと変わらないんだと思います。

結局は、そこに意味を感じて、自分も、もう一肌、脱いでみるか、という
気持ちになってもらえるかどうかですからね。そのための言葉とか、何かの
イベントをやって、その機運を盛り上げるということも含めて。そこが、私
は活動家の腕の見せ所なんだと言っているんですけどね。

中下　自分と接点のない方といかに繋がっていくかですね。

湯浅　接点を作っていくというのがね。

それは、生活相談と同じなんです。一口に、「生活に困っている人」と言っても、その現れ方は違いますからね。消え入るようにしゃべる人もいれば、すぐ怒る人もいれば、いろんな人がいるわけです。その人たちに対して、一律に、同じ対応をしていても生活相談なんてできないですよね。

だから、来る人に応じて、控えめに出たり、ちょっと強めに出たり、下から行ったり、上から行ったりしながら、課題を引き出したり、言ってもらったりして解決していく、解決しないまでも改善していくのが生活相談です。

そういう中で、いろんな対応の仕方を、あの手、この手で増やしていくことに、生活相談の経験って、なっていくんだと思うんです。それと同じですよね。

中下　なるほど。

湯浅　でも、こう言ってもメリットを感じてくれない人に、どう言ったらメリットを感じてもらえるのか、意義を感じてもらえるのかということも大事ですね。

最近、球種の話をするんです。ストレートで駄目だから駄目だって言わないで、カーブを投げる練習をしてみよう、シュートを投げる練習をしてみようって言うんです。そしたら、そのうち、自分の球種が増えて、それが自分の財産ということなんじゃないの？　と。

中下　そうですね。すごく大事な視点ですよね。それが逆に自分を豊かにさせるということにも繋がりますものね。

湯浅　ええ。

中下　私の私見は、世の中というのは２：６：２ぐらいの割合じゃないかなと思っているんです。

孤立死の問題でも何でもよいのですが、ある社会問題を提示してその解決策を示してみると、２割ぐらいの方は、「確かにそうかもね」と、「孤立死問題はなんとかしたほうがいいよね」と言うと思うんです。で、反対の２割は「そんなのは自己責任じゃないか、バカやろう」と。６割ぐらいは「興味ない」「関係ない」と、無関心だったりするんですね。その６割に対して、どのように発信できるかなという重要性を、今すごく、感じています。

孤立死という、深刻な、見たくないテーマではあるんですが、そこを、どう、無関心層の6割の人に伝えていくかということなんですね。それには、いろいろな切り口があると思うんです。

たとえば、私は宗教者の端くれですけれども、私が代表を務める「寺ネットサンガ」という団体の集まりの場に、オウム真理教事件の被害者の方がいらっしゃるんです。その方の旦那さんが地下鉄サリン事件で亡くなっているんですが、その方とおつきあいさせていただいて感じるのは、加害者に対して被害者というのは譲れない部分があるということです。被害者にとってみれば、加害者を死刑にしてほしいと思うわけです。

私は死刑には反対の立場です。しかし、オウムのような宗教を生み出してしまった社会に住んでいる当事者でもあるという自覚は常に持っています。オウム真理教が犯した犯罪は当然ながら許されるものではありません。しかし、私にはオウム事件は他人事とは言い切れないのです。

私は子供の頃に両親が離婚し、片親の暴力を受けて育ちました。「お前なんか出ていけ」と言って殴られる日々の中で、「こっちにいらっしゃい」と言わ

れ、「おかえりなさい」と言ってくれる人がいるというのはこれほど心地良い居場所はないなと思うのです。

たまたま、私は、オウムには入らなかったのですが、でも、一歩、間違えば、私もオウムに入ってサリンを撒いていたかもしれないんです、「あんたが必要だ」と言われたら。子供の時私は「社会から必要とされているんだ」という実感がほしかったですからね。

ですから、オウムのような団体を作ってしまった社会、その同時代を生きている当事者なんだという自覚があります。つまり、人間というのは状況次第で、オウムのような犯罪も犯してしまう可能性があるということもありえると、すごく感じます。

NPO法人もやいの稲葉さんからお聞きしたのですが「もやい」という言葉は、水俣病患者の緒方正人さんの言葉からいただいたそうですね。

緒方さんは水俣病の原告＝訴える側だったのですが、ある時、自分自身の闇、人間といういのちが抱える罪をみつめ、告訴を取りさげたんです。そして「チッソは私であった」という本を書かれた。その緒方さんが言うのです。

「近代文明を他人事のように言葉であれこれ批評するのは難しいことではないのですが、よくよく考えてみれば、近代文明というのは己れ自身なんです。自分を省みれば、少なくとも近代文明によってもたらされた恩恵を認めざるを得ないでしょう。そういう己れについて自白するところから始めるしかないと思うのです」と言います。さらに緒方さんは「水俣や原発問題は、人が人を人と思わなくなった時から始まった」と。

孤立死の問題も、貧困の問題もそうですけれども、自分とは関係ない、自分はそんなに貧しくないし、家族もいるし、という方は大勢います。でも、隣にそうした方がいるという社会を作り出してしまったというところでは当事者だと思うんです。

そこから始めていくしかないのかなと、最近はすごく思うんです。「あいつは違う人だ」とか、「オウムだから、ちょっと別の次元なんだ」と線を引いてしまえば、楽といえば楽なんですけど……。

湯浅　それが始まりであり、ゴールですね。それが一番難しいことでもあると思うんです。

中下　そうなんですよね。そこが今の社会で一番必要なところであり、最も難しいところでもあるのかなと。

東電とかを批判するのは誰でもできるんですけれども、電気の恩恵を受けている自分たちはどうなの？　とか、沖縄に基地を押しつけている自分たちはどうなの？　という問題も考えていかないといけないなと。つまり当事者であるということでですね。

加害者ではないし、被害者でもないかもしれないんですけれども、当事者なんだということだと思うんです。

湯浅　そうですね。

戦後も、この戦争は誰が起こしたんだという戦争責任論の中で、一億総懺悔と言った人がいましたけれどもね。責任の度合いに関しては、もちろん軍部の人と、一般の人とでは違うでしょ、って言えば、それは違います。でも、だからと言って、「おれらは騙されただけで、なんの関係もないよ」というのも、それもまた違いますよね。

また、自分も悪かった、自分にも責任があると言って、でも黙っていても、それも、また違うんでね。

でも、認めたくない、認めないという否認は弱さの一番の現れだし……。

中下　そうですね。

湯浅　それを解きほぐしていって、少しずつ合意を作っていって、反省すべき点を反省しながら手直ししていくというのが成熟した社会なんだと思うんです。

それは、ずっと試行錯誤だと思います。

中下　そこが社会の成熟。熟すという意味ですよね。

対談を終えて

〈中下〉　湯浅さんと対談させていただいて感じたのは、湯浅さんは、内閣府の参与として政府に入っていらっしゃったので、国との接点もあるのと同時に、もともとは路上で暮らすホームレス支援など、現場の、それこそ地べたを這いつくばるような活動の中で、いろいろな当事者の方との接点を見出して来た方ですので、「調整」という言葉の持つ意味の大きさを痛感しました。

つまり、国の言うこともわかるし、民間や、さまざまな生活者の視点もわかると。その中に立って、お互いが批判をし合うだけではなくて、お互いの共通点を見出していくということが、今後の、孤立死問題に限らず、社会にある多くの課題を解決していく中の、ひとつのキーワードかなと思うんです。

お互いが罵り合うのではなくて、違いを認めた上で共通点を見出していくことが、今後、いろんな社会活動の中で求められていくのじゃないかなと思いました。

第3章

〈鼎談〉反町吉秀×鈴木ひろみ×中下大樹

孤立死をなくす街づくりをいっしょに考えよう

■反町吉秀（そりまち・よしひで）
1960年新潟県長岡市生まれ。医学生時代、精神障がい者の地域支援活動に参加し、栄養失調死、自殺、事故死に直面。法医学者として、10年余り、大阪府監察医事務所等にて、検屍及び行政解剖に従事し、多くの自殺や孤立死した遺体に接する。阪神大震災時には被災者の検屍を担当。大学医学部法医学教室では、司法解剖を担当。2000年から翌年にかけ、スウェーデンカロリンスカ医科大学にて、公衆衛生アプローチによる安全・安心な街づくり＝セーフコミュニティについて学ぶ。帰国後、青森県の行政医師。保健所長として、十和田市のセーフコミュニティ活動を支援。2011年より大妻女子大学教授（公共健康学）。

■鈴木ひろみ（すずき・ひろみ）
1983年東京都新宿区生まれ。新宿区議会議員。環境建設委員会・防災等安全対策特別委員会所属。民主党東京都連青年委員会大学局副局長。西光保育園・あやめ幼稚園・川村学園女子大学卒業後、都議秘書を経て、2011年4月の新宿区議会議員選挙において1763票の御付託を頂き、第17期最年少議員として初当選。区民の声が区政の現場に届く、「いのち」を大事にする新宿区づくりを目指し、自殺対策、孤立死対策に精力的に取り組む。また、自殺率の高い貧困層やセクシャルマイノリティへの支援策、高齢者や若者の就労問題などにも力を入れ、議会内外で活動中。

■中下大樹（なかした・だいき）
1975年生まれ。大学院でターミナルケアを学び、真宗大谷派住職資格を得た後、新潟県長岡市にある仏教系ホスピス（緩和ケア病棟）にて末期がん患者数百人の看取りに従事。退職後は東京に戻り、超宗派寺院ネットワーク「寺ネット・サンガ」を設立し、代表に就任、「駆け込み寺」としての役割を担う。生活困窮者のための葬送支援、孤立死防止のための見回り、自死念慮者の相談、自死遺族のケア、貧困問題など、様々な活動を行っている。著書『悲しむ力』（朝日新聞出版、2011年）、『死ぬ時に後悔しないために今日から大切にしたいこと』（すばる舎、2012年）など。

―地域の体力は残っているか?

中下　孤立死対策に関しては、全国各地で様々な取り組みがなされています。自治体の福祉や保健所、NPO、民生委員さんたちが連携しての防止活動や、ポストに郵便物や新聞があふれていた時に早期発見して自治体に通報することへの企業への協力要請などなど。しかし、なかなか効果があがっていないのが現状だと思うんです。

(次ページの調査、参照)

問題は、自分たちもその地域に住んでいる当事者なんだという意識が生まれるかどうかだと思います。原発の問題は、首相官邸前デモなど、一昔前に比べれば、反対派が一気に増えました。しかし、それでいきなり社会が変わるわけではないです。選挙をやると原発容認派が相変らず当選している。ですが、原発事故前は、原発問題を口に出す人はそもそも変人扱いでした。

鈴木　いじめの問題も、マスコミ等で今は取り上げられて、ワーッとなっていますけれども、だいたい10年おきぐらいに必ず言われていたりするわけで、目先の、「これが問題」というものに一気に加熱するんです。すごく短絡的で、一過性なんですね。

自治体における取り組みの実体（ニッセイ基礎研究所悉皆調査から）

〈自治体における高齢者の「孤立」「セルフ・ネグレクト」「孤立死」等の実態把握と対応状況に関する調査〉
全国自治体（市町村および東京特別区）の高齢者福祉担当課を対象に、郵送調査を実施
回収数：1036（回収率 59.2％）

【孤立死の定義】
・「特に定義は設けていない」が約 85％
・定められている定義の要素は「独居」12％、「親類等とのつきあいがない」5.3％、「地域との関わりが希薄」4.8％、「発見までに日数を要した」2.3％があるが、死後の経過期間を定めているのは 10 自治体。

【孤立死の把握状況】
・全体の 70％の自治体で、孤立死事例の情報収集が行われていない。
・孤立死事例の情報収集を行っている 233 自治体の状況は、
①データ管理まで行っているのはその３分の１
②把握している情報の経路は、地域包括支援センター 69％、民生委員報告 65％、生保受給者 64％、警察署関係 56％、行旅死亡人 53％、保健所の衛生統計 24％
・地域包括支援センターにおいては、32％の自治体で「65 歳以上高齢者の孤立死」を把握、26％では「65 歳以上高齢者のうちのセルフ・ネグレクト状態者」を把握。
・孤立死事例の情報収集を行っていない理由は、「定義が曖昧で実態が把握しにくい」37％、「連携する仕組みがなく情報を集めにくい」24％

【高齢者の孤立や閉じこもり予防・解消の取り組み状況】
・「独自の調査・情報収集」は半数以上の自治体で未実施（約 52％）
・実施 442 自治体の約 33％が「対象者リスト」を作成。約 75％が「個別対応」を行っており、約 58％が個別対応した対象者の経過を把握する仕組みがあると回答。
・自治体の取り組みは、「訪問」36％、「介護予防」20％、「見守り・声かけ」18％
・「訪問」の対象者は、一人暮らし高齢者もしくは高齢者のみ世帯に限る自治体が多く、その担い手は民生委員、保健師、自治体や社会福祉協議会の職員、住民ボランティアの参加もみられた。
・緊急通報システムや配食サービスを通じた安否確認もあり、民間事業者との連携もみられた。
・自治体が直面する課題としては、①高齢者本人からの支援拒否（一部には家族がいる場合に、家族も含めて支援を拒否されるケースも）、②地域や家族間のつながりの希薄化、③個人情報保護との兼ね合い、といったものが多くみられた。
・高齢者の孤立死に対する直接的な対応は、「実施」26％、「検討中」20％、「検討していない」52％となっており、「孤立死」予防のみに焦点を当てた取り組みよりは、より広く「孤立」予防という形で取り組みが行われている。
・特に優先的に取り組む必要の高い課題としては、「関係機関との情報共有」約 60％、「マンパワー不足への対応・人材育成」約 40％、「安否確認等のインフラ整備」31％

湯浅さんが話をされていた長期的な利益とか、全然、考えて報道していないんだなというのをすごく感じます。

中下　結局、現実を直視するだけの体力がないと思うんです。それは辛いから、目先の、わかりやすいものに飛びついてしまうんでしょうね。

鈴木　新宿区は、ほかの区と比べると財政が豊かとはいっても、福祉費はどんどん増えていますし、貯金を切り崩し、切り崩しみたいなところもあります。それでも、たぶん新宿区は、ＮＰＯなどとの連携はかなり取れているほうだと思います、わりと早い段階から福祉には力を入れていますので。

中下　新宿区は生活保護をとっても、困難な状況にある人たちがたくさんいる区です。行政の方も必要に迫られてかなり頑張っているとは思いますが、私が新宿区に住み、生活困窮者の見回りを行っている中で感じるのですが、少し福祉事務所の対応はなんとかならないか？　ひどすぎるというのも正直感じています。

鈴木　新宿区は、貧富の差もけっこう激しかったりします。人種の坩堝みたいなところがあるので……、人口の10％以上は外国人なんです。

中下　百人町に住んでいるからわかりますよ。周りは外国人だらけです。

鈴木　だから、居住の問題だったり……、たとえば避難所の問題ひとつ取っても、外国人と同じ避難所でいいのかとか……。本当はいいはずなんですけれども、地域の人が、それを良しとするのか、しないのかと言ったときに、また問題も出てきたりとかするんです。

また新宿区では、民生委員の方とかが、75歳以上の方には「ぬくもりだより」という情報誌を、月に2回配布し、安否確認と見守りを行っています。

しかし、民生委員さんたちというのはご高齢の方がすごく多いんです。また、たとえば消防団でも高齢化が進んでいたりしますし、地域コミュニティが下の世代に引き継いでいくということがすごく難しくなっているんです。

中下　私も「ぬくもりだより」を配っていましたから分かります。一方で、民生委員も、全国的に慢性不足とか言われていますよね。しかも現在、年配の人がほとんどですよね。

鈴木　町会の役員と兼務とか、そういう方も多いですしね。そうなってくると、地域のコミュニティの中で役割が全部、一人の人に集中していたりするんです。人がたくさんいて、きちんと回ってるように見えても、結局は特定の人だけというような形に

新宿区の孤立死対策について

新宿区における孤立死防止対策を講ずべき対象者…2週間ごと程度に見守る者がいない、ひとり暮らし、または高齢者のみ世帯の高齢者。

孤立死の定義については、現在も全国統一の規定はない。

■新宿区の主な孤立死対策

「高齢者を地域で支える仕組みづくり」において高齢者の孤立死防止に向けた取り組みを推進。

（平成18年）孤立死防止対策の検討にあたり、千葉県松戸市常盤平団地の視察の実施。全庁横断的な孤独死防止対策連絡会を設置して議論を行う。

（平成19年度より）「ぬくもりだより」の訪問配付事業の実施。

（平成21年度より）NPO法人との協働事業として行ったほっと安心地域ひろば事業、地域安心カフェ事業等の実施。

（平成22年度より）民生委員、地域見守り協力員及び委託配付員等、「ぬくもりだより」配付事業にかかわっている方々とともに孤立死防止に関する意見交換会を9カ所で開催。地域のひとり暮らし高齢者の情報の共有化及び実施把握を行う。

（平成23年度より）新宿区新聞販売同業組合、生活協同組合と高齢者の見守りのための協定を結び、地域包括ケアを実施。今後、さらに多様な業種の事業所との協力関係の構築を目指しており、既に東京都牛乳商業組合新宿支部、東京都公衆浴場同業組合新宿支部とは打ち合わせ済み。その他、郵便事業者、宅配便事業者、銀行、コンビニエンスストア、理美容店等に対する働きかけを予定。

「新宿区高齢者の権利擁護ネットワーク協議会」に「高齢者等見守りネットワーク推進部会」を置き、高齢者だけではなく、生活困窮者、障がい者等についても区民からの通報や気づきに対応できる「新宿区いのちのネットワーク」を構築。

電力・ガス会社との情報提供の協定と生活困窮者に対し、必要な支援を行える体制を構築。（東京電力新宿支社、東京ガス中央支店、東京都水道局新宿営業所と、それぞれ生活困窮者等の孤立死防止対策について話し合いを行い、生活困窮者と思われる方については福祉事務所につないでいただくよう要請済み。)

現協定は、見守りの対象をひとり暮らし高齢者及び2人以上世帯の高齢者としているが、協力事業所の拡大の際には、対象の拡大も検討。

■孤立死の解決を阻む要因

・見守り訪問から見えてくる課題
　マンションがオートロックで御本人との連絡や面会ができない場合
　対象となる高齢者の方が見守りを断る場合
・見守りの担い手の不足

■孤立死予備軍とセルフ・ネグレクトの推計と対策

セルフ・ネグレクト…自己放任。ひとり暮らしの高齢者等で認知症やうつなどのために生活に関する能力や意欲が低下し、自分で身の回りのことができないなど、客観的に見ると本人の人権が侵害されている状態のこと。

新宿区の高齢者総合相談センターでは40歳から64歳の介護保険の第2号被保険者への支援も行っている。セルフ・ネグレクトを放置すると孤立死につながる可能性も大きい。孤立死防止対策とあわせ、新宿区高齢者の権利擁護ネットワーク協議会の中で虐待対応として取り組んでいる。

■セルフ・ネグレクトと見られる事例の現状

現状、年に数件程度。しかし、本人の支援拒否があることも多く、「本人の意向だから」という理由等で相談に結びつかず、地域に埋もれている事例もある。

■セルフ・ネグレクトに対応する体制と今後の展開

セルフ・ネグレクトについては、高齢者総合相談センターの社会福祉士、主任介護支援専門員及び看護師等の三職種が地域のコーディネート役として、保健センター、介護事業者及び医療機関等の専門家によるネットワークを活用し、課題解決に取り組む。

セルフ・ネグレクトを盛り込んだ高齢者虐待防止実務マニュアルの活用、高齢者虐待対応研修等によるセルフ・ネグレクトにかかわる職員の専門性の向上を図り、対応力を強化する方針。

なってしまっていたりするんです。

中下　その世代がいなくなると、今後ますます大変になりますね。

鈴木　地域コミュニティの中で縦社会みたいになってしまって、「あいつが出るときは出ない」とか、反発が起きたりもします。

中下　それはどこにでもありますね。医局の中にもありました、『白い巨塔』の財前先生のような人がいて……（笑）。

鈴木　孤独死や孤立死は、核家族化が進んだ1970年代から取り上げられました。その後、高齢者の単身世帯の増加、また地域社会の希薄化により増加の一途をたどり続けています。「孤立死が増加をすること」は周辺住民への衛生面・精神面の影響だけで

新宿区／25年度歳出予算の目的別内訳

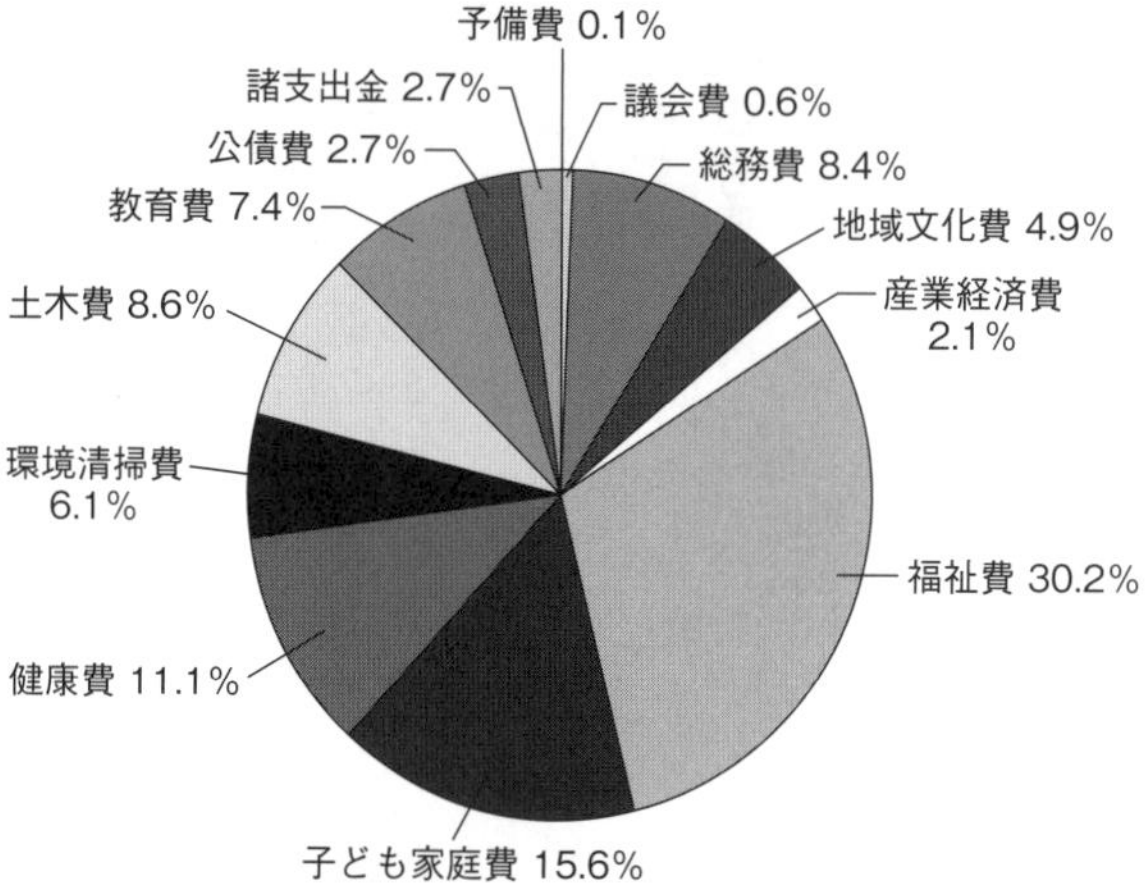

なく莫大な清掃費用や不動産価値への影響など大きな損失になります。孤立死は、もはや個人の問題ではありません。

新宿区では、これまでも「ひとり暮らし高齢者」を対象に、さまざまな見守りが多くの企業・団体や区民の協力によってなされてきました。見守りの網の目は非常に細かくなりました。孤立死防止対策としては、区の内外から高い評価をいただいています。けれども、行政だけではどうしても対策に限界があるので、今後は今まで以上に民間の力と連携する必要がありますよね。

孤立死というと、単にひとり暮らしの高齢者の問題のように扱われていて、その対策のみにとらえられがちです。でも、人は必ずいつかは死にますよね。だからこそ、目先の高齢者のみの対策でなく、中長期的に対策を講じる必要があるのではないかなぁと。例えば、40、50代の孤立死予備軍やセルフ・ネグレクトに対する施策はその一つです。コミュニケーションの苦手な方の増加、生活の孤立化など単身世帯の増加の影響で、その数は高齢者を上回ると言われているんです。また、「団塊の世代」の退職を控えて、これまで会社という「縦社会」になれていた人が地域という「横社会」になじみ、根づいてもらうことも重要なのかなと思います。

生涯未婚率が上昇している昨今においては、20代30代であっても、孤立死する可能性があります。若者施策や少子化対策をすすめていくこともまた、将来を見越した長期的な「孤立死対策」になるんじゃないかと思います。

また、この年代は結婚や出産などがなければ、最も行政サービスを受けない年代ですし。長期にわたり、行政サービスを受けてこなかった人々が、高齢になりサービスを受けることは、ご本人にとって容易とは思えません。そもそも、行政をあてにする感覚もなく、どういったサービスがあるのかを知ること自体のハードルが上がってしまいます。

家族や他人や行政サービス。それらとの間に「距離」が広がってしまったとき、人は孤立してしまうんじゃないかと思うんです。私は、貧困問題や自殺とかも、その「距離」によって発生する問題で、すべてにおいて根源は繋がっているような気がしているんです。そして、誰しもがその闇に包まれてしまう可能性を秘めています。

孤立死対策において「これをやれば孤立死がなくなる」というような、即効性のある施策はおそらく存在しないんですよね。でも、人が人を支えることを諦めちゃダメだと思うんです。

国も自治体もＮＰＯも、それぞれの立場で得意分野があるわけですから、連携をとり孤独なまま亡くなっていく人を一人でも多く救っていかねばならないと改めて感じました。

反町　地域によって違うところもあるみたいなんです。

自殺の話をさせていただきますと、自治体によって自殺率にけっこう差があるんです。「アエラ」の5月28日号でしたか……、岡檀さんという、和歌山県立医科大学の看護学科講師の方が自殺希少地域である徳島県の旧海部町を調べられていました。自殺率が30年間で、全国、合併前の自治体約３、０００の中で、上位1パーセント以内で、少ないということなんです。そこは、たとえば余所の者を受け入れたり、地域の組織にしても年功序列ではなくて人望がある人が上に立ったりしているんです。

それから、迷惑をかけるのはお互いさまだということで、助けを求めるのが当たり前という感じなんですね。それで、30年間で人口当りに換算して、全国平均の３割ぐらいしか自殺していないんです。

中下　地域力が残っているところですよね。

そういうところがけっこうあるんです。

反町　ええ。青森県にもそういうところがあります。だから、日本中が、全部、一律ではなくて、ちょっと違った関係性を持ってうまくやっているところもあるんです。方向性がちょっと変わりますけれども、２つ、コメントしたいことがあります。
　１つは、今の話とも関連しますが、最近、自殺予防の分野で注目されていることがありま す。社会的排除を受けて孤立している人たちをサポートしようということでいろいろな取り組みがされていますが、サポートをもらう側になるだけではなくて、与える側になるということとのバランスが取れているかどうかが、うつや自殺と関連があるんだという研究が、最近、かなりされています。

鈴木　必要とされている実感ですね。

反町　ええ。調べてみると、高齢の男性とかは、もらうほうも、あげるほうも、両方とも少ない。サポートをあげることばかり今まで考えられてきましたが、いかに出す側になってもらうかということも重要なんだということです。
　それは学問的に海外でも調べられてきています。そういう仕組みを、いかに地域に作っていくかということです。

中下　大事な視点ですよね。

反町　ええ。もう1点は、中下さんが寺ネットサンガとかでやっていることだと思います。

孤立死というのは、特別に恵まれていない人たちの問題で、私には関係ないと思っている人がいますよね。

その一方で、終活ブームもあるじゃないですか。でも、あの終活を一生懸命やっている人は、かなり恵まれた階層の人たちで、終活ブームと孤立死の問題が、今、繋がっていないような気がするんです。

エンディングをどうする、相続をどうすると、それはそれでいいことなんですが、それは報道でも、繋げて語られることはあまりないですよね。そこはけっこう注目すべきではないかと思っていて、中下さんたちがおやりになられている寺ネットサンガのさまざまな取り組みは、まさにそれだと思うんです。

中下　ええ。

反町　つまり、「孤立死にならないために」というネガティブなものだけではなくて、どういう死に方がいいんだろうということを、孤立死も含めて考える必要があると思うんです。いろいろな関係性の中で死んでいけたほうがいいなあとか、関係性がない中で人知れず死んでいきたくないなとか、そういう、いい死に方を構想するというか、イメージするというか、それを寺ネットサンガでは議論しているじゃないですか。

中下 ええ。

反町 そういう部分を膨らませて、さらに相続のエンディング・ノートを書いて……、終活議論と孤立死の問題を繋ぐ活動、まさに寺ネットサンガはそれだと思います。

中下 孤立死も、終活ブームも根底にあるのは死じゃないですか。たくさんの方に看取られながら、「ありがとうね、お父さん」とか言われながら亡くなる、そのために、どう生きるかというのがありますよね。その一方で、「臭いね、あの部屋」ということで行ってみたら、死後2ヶ月ぐらい経っていたり、そういうものが対極にあるわけです。

その根っこには死生観の問題があると思うんです。死生観という言葉は、あまり好きじゃないんですけれども、死というものに対して、どう向き合っていくかという考え方が社会の中で成熟していないが故に小手先だけの対応になっているんだと思うんです。

葬儀費用が安いよとか、お墓もさまざまとか、目に見えるものに向かっていて、それを、葬儀社さんたちが新規顧客獲得にうまく利用しているという状況が今の「終活」

ブームです。

反町先生、鈴木議員にも一緒に同行していただきましたが、私が常に関わっている80歳ぐらいの自殺願望のあるばあちゃんは四畳半一間ぐらいのところで、布団も1日中敷きっぱなしみたいな状態なんです。そういう人は終活ブームとは無縁です。

終活本を買うような人は、おそらく自分の今までの生き方探しにも熱心だったし、死後についても自己決定権の問題に、一番、熱心な層なのではないですか。

年間3万人とも言われる、孤立死している人々とは、かなり切りはなされていると思います。彼らは終活にアプローチすらしようとしない。生きることに対して自暴自棄になりがちです……。「もういつ死んでもいい」と、投げやりになっちゃってる人を、どうするかというのはなかなか難しいことですよね。「もう、おれ、どうでもいいや」って、自分で食事を拒否するみたいな感じがあるんです。

それは一番難しいですよね。

―孤立死にならないために必要なこととは？

中下 孤立死についてのある調査によると、「あなたは孤立死しない自信がありますか」と聞くと、2割が自信があると言っているんですけれども、8割は「自分のことかもしれない」と正直に答えているんです。

鈴木　私は、大学時代に上野千鶴子先生の『おひとりさまの老後』の本が愛読書だったんです(笑)。

　仮にいま結婚していても、先立たれてしまったり、子どもがいても別居していたり、ほんとに孤立死しないの？　と聞かれたら、「いやあ、分かりません」っていうのが現状ですね。

　1日、1日を後悔しないように生きなさい、とか言われて、そうだなと思いながらも、ほんとにそれができるかと言ったら、できなかったり、という部分がありますよね。自分が死んだら、どうなるんだろうって、いつも考えていたら辛くなると思いますし。

　それを考えたときに、私も、孤立死の問題で、集会が近くで開かれていても、そこに行かないご高齢の方の気持ちって、分かるんです。やはり当事者は見たくない、考えたくないということがあるんでしょうね。

中下　新宿区では1世帯当りの平均人員数が2011年現在(1・65人)で3世帯の

うち1世帯がいわゆる「おひとりさま」です。もちろん「おひとりさま」といっても老若男女、さまざまですが……。ただ、いろいろメディアの情報も流れるようになったので、若い人でも昔に比べると、かなりリアル感が出始めているんでしょうねえ。

40歳以降ぐらいの、とくに、女性の「おひとりさま」のあるネットワーク内では、今までは懇親会が主だったのが、大原麗子さんの孤立死報道以後、早期発見だけはしてほしいということで、お互い、合い鍵を持ちだしたという話を聞きました。

鈴木　気持ちは分かりますよねえ。

石原前都知事が、東京都の公団に、合い鍵で、何かのときには踏み込めという号令をかけましたよね。でも、現在ある建物の合い鍵を作製するわけではなく、建て替える際にマスターキーを保有する方針をかためたにすぎません。

ちなみに新宿区の区立住宅では、高齢世帯など約1100世帯に対し、合い鍵を区が所有しても良いかという通知と同意書を配付しました。そのうち約430世帯が同意をし、23年度内に同意をした世帯の合い鍵を作製し区が管理を行います。せめて区のような形で都も行って欲しいと思う半面、希望者への周知徹底がなされていなかったりとかしてしまうと、本当に必要な人には情報がうまく入らなかったり、伝わらなかったりという部分が出てしまうんです。

中下　常にそうですね。生活保護だって、介護保険だって基本的に申請主義ですからね。そこからこぼれ落ちていく層は必ず出るんです。

反町　一人暮らしの方が自宅で亡くなり、死後発見されるとどうなるか。医療機関を小まめに受診していた人は、検死を受けないで済むケースがあります。それには、発見してくれた人が主治医に連絡してくれ、しかもその主治医が現場に駆けつけご遺体を診察してくれる必要があります。事件、事故、自殺等を疑わせる異状な点がみつからず、しかも、生前に治療していた病気で亡くなったと推定できる場合には、死亡診断書を交付できるのです。たとえ死後の発見であっても。

しかし、そのような幸運に恵まれる人は多くはありません。それ以外の場合、発見者は警察に届け出ないといけません。警察は自宅を訪れ、事件死因や死因の種類（事件、事故、自殺、病死等）を調べる検死を行うことになります。（東京都23区、大阪市内、神戸市のほとんどの地域については、警察は、監察医という専門家により遺体を見てもらい、死因究明のための解剖が必要かどうかの判断を仰ぐことになります。それ以外のほとんどの地域は、警察に嘱託された警察医と呼ばれる臨床医が、遺体を診て死体検案書を書くことになるのです。）

検死がなされたご遺体の引き取り手が見つからない場合には、自治体に引き渡され、火葬され、無縁仏として扱われることになります。

一人暮らしで亡くなっても検死を受けたくない、という人は、他人事だと思わず、良いコンタクトを取れる人間関係を作っておく必要があります。また、主治医に、もしもの時は自宅に駆け付け死亡診断書を書いてもらえるようにお願いしておいた方が良いです。

それから、個人情報の問題がありますね。

中下　厚労省のお達しで、「この件に関しては、個人情報を優先する」みたいな文章が入っていても、あくまで緊急の場合には、ということですしね。

鈴木　たとえば災害時の要援護者名簿は、名簿登録を希望した人のみリストになる手上げ方式のため、なかなか集まってないというのが新宿区の現状なんです。何の障害があるとか、介護度など、あまり人に見せたくないと……。

中下　新宿の戸山団地は3・11直後に福島の方を受け入れたんです。

いきなり福島から都会に連れてこられたら駅までどう歩けばいいのかも分からない

わけですよ。福島から見れば東京は都会ですからね。少なくとも◯◯号棟の、このあたり一帯は福島県から来られた方ですよ、ということがひと言地域住民に連絡されていれば、地元の人も関われるんですけれども、それは個人情報だから言えないということなんです。名前を教えてくれとは言っていないんですよ。それなのに、どこに住んでいるかも言えない教えないというのは、被災者をより孤立させてしまう恐れがあります。そうしてお互いに壁を作ってしまって、「おれたちだって生活が大変なのに、なんであいつらだけ援助を受けているのか」「早く出ていってくれないかな」ということにつながるんです。お互いが不信感を持ってしまうんです。

どこまで情報をオープンにするのかというのはとても難しいですね……。

反町　私が一時、保健所長をしていた青森県の管内では、民生委員が中心になって要援護者の登録を進めて、かなりうまくいっているところがありましたけれども、行政がやると、すごく抵抗があるんです。

民生委員でも抵抗はあるのかもしれないですが、一生懸命やる人がいて、かなり登録が進んだ地域というのもありました。でも、行政そのものがやるとうまくいかないんです。難病の人なんか、一番必要なのに、拒否される人が少なくないんです、知られたくないということで。

ひとつは、実際に孤立死するかもしれない人ばかりの問題にしてしまうというところに問題があるんです。難病の人も、難病の人だけをターゲットにされるといやなわけです。

それと、さっきの終活に熱心な人たちも、自分の生活設計の中で、こうだと言うけれども、今の無縁社会全体をなんとかしよう、みんなで少しずつ関わって、なんとかしないといけないという視点はないじゃないですか。

中下　そうです、自分のことだけですよね。

反町　ええ。でも、結局、みんなが少しずつ努力していかないとできないんです。

孤立死を直視できないというだけではなくて、みんなで考えて一緒に何かしていこうという視点が決定的に欠けているんですよ。

それから、孤立死問題だけを言うと、あまりにも強烈、かつネガティブなんで、「これは関係ない」とイマジネーションを断ち切られてしまうので、その間を考えて、みんなでつくっていく社会づくりを政策にしていかないといけないですね。

鈴木　都会の場合、どうしてもしがらみなどが嫌で、独りになりたくて地方から出てきた方たちが集まっていることが往々にしてあると思うんです。そういったものから逃れてきた人たちに、新しいコミュニティを、「みんなで一緒につくりましょう」というのは、酷な話だとも思います。

その辺りはどうしたらいいいんでしょうか。すごく難しいと思っているんですけれども。

反町　同じような地縁をまた作るというわけにはなかなかいかないと思うので、新しい関わり方を考えていくしかないんでしょうね。

中下　田舎生活のように、お互い、どこの学校に行ってるとかまで全部、知っているというような繋がりでもなく、かつ、無関心でもないような、中間的なもの。何かあるときには繋がって、都合のいいときは放っておいてくれるみたいな、どっちつかずの程良い適度な関係だと思うんです。

田舎のようにべったりではないけれども、1ヶ月、誰とも接点がないというような無関心でもないというようなもの。都合のいいときに、ちょっと飲みに行ける、一緒に話せるみたいな、そういう緩い関係なんでしょうね。

束縛と無関心の中間。ほどよい人間関係がたくさんあればいいなと思います。

鈴木　自殺の話に戻りますが、秋田県がワーストワンになったときに、地縁が強すぎて自殺に追い込まれてしまうパターンもあったりしました。一方、都会型は孤独が原因になっているということで、そのバランス感みたいなのって、すごく難しいなあという気がします。

中下　みんな、選び合って、好きな人とだけ関わりを持ったり、遊んだりしながらやっているんで、そういうちょこちょことした居場所を持っている人はまだいいんでしょうね。でも、そういう場所作りとかを自らしないで埋もれてしまっている人はなかなか難しいですね。ＮＰＯに自ら助けを求めてやって来る人は、まだいいんですよね。

反町　実際に手助けを受ける人に対する働きかけも大事なんだけれども、直接、サービスは受けないかもしれないけれども、いろいろな人たちの理解を得なければ政策にもなっていかないですから、両方が必要なんですよね。

中下　不特定多数への発信が大事で、同時に、当事者への、今、すぐ支援が必要というもの、救急を要するもの、例えば今晩、寝るところがないみたいな問題にも手を貸す、その両方とも必要ですよね。

●人との距離感、そして自己肯定感

反町　先ほど、鈴木さんも言われていましたが、地縁に関しての研究の中で、ものすごく地縁が強いところで逆に自殺率が高かったりしているんです。そういうところで家族との関係が悪くなったりすると、すごく辛いんですね。

だから、高齢者の場合には三世代同居での自殺率が高いんです。同居していて仲が悪くなったりとしたときに、疎外感が強くて、よけい孤立を感じるんでしょうね。

で、案外、お年寄りだけとか、一人暮らしの女性は自殺しないんです。

中下　ますます元気になって、旅行に行ったりしますからね、旦那が死ぬと（笑）。

反町　一人暮らしの理由が違うんです、男と女では。高齢で、男性で一人暮らしというのは、ずっと結婚しなかったか、あるいは、したんだけれども、家族とかに愛想を尽かされて独りを余儀なくされている人が少なくないんです。

女性のほうは、そうではないんです。理由はいろいろなんですが……。

離婚されると、男性の寿命はすごく短くなるんですが、女性はそうでもないんです。死別もそうです。

また、一方的に支えられるのは、特に田舎ではすごくいやだということがあります。中高年の男性は、被災地でも、ベンチを作ってくださいと言うと喜んで出てくれるんですけれども、サロンに出てくれというと出ないんですよね。

鈴木　中下さんの著書『悲しむ力』にもありましたけれども、支えられるばかりになってしまうと、「生きてて申し訳ない」みたいな気持ちになってしまうんですね。

反町　東北はとくにそうなんです。お世話になるということに対して抵抗がすごくあります。

それが沖縄になると、迷惑をかけたり、かけられたりするのは当たり前だという支え合いがすごく強いと聞いています。失業率も高い、所得も低くても自殺率は高くないんです。

でも、東北は、お世話されるのがいやなんです、とくに男は駄目なんですよ。だから、助けを求めないんです。

鈴木　県民性みたいな感じなんですかね。

反町　そういうところに落ち込んでしまった人に対する対策も必要ですけれども、そうなる前にカルチャーを変えていかないと。支え合いの関係も作れないですよね。

中下　ある意味、予防医学と一緒ですよね。そうならないために、どうしていくかということですね。今晩、死ぬかもしれない人に対するケアも大事だけれども、予防医学も大事。

反町　そのへん、いろいろとデータが出てきているんです。

たとえば、体を動かす機会が、どれだけあるかということと、高齢者の転倒の回数の関係とかの研究もあります。日本福祉大学の近藤先生という方が、全国のいろいろな市町村に協力してもらって、やってるんです。

転倒しないというのは、体力がついて、ということもあるかもしれないですけれども、抑うつ的になると転倒しやすくなるようなんです。そういうメカニズムがあるようなんです。広く、そういう活動ができるような環境があったりすると、その地域全体の抑うつ度が違ってきたりとかするんです。その結果、転倒の件数も違ってくるんですって。

だから、世間の人が思っている以上に、そういう街づくり的な活動というのは、場合によっては効果があるんです。

鈴木　自治体は増やしていますよ。新宿区は、昔からあるラジオ体操みたいなものももちろんありますし、介護予防教室もあるんです。

反町　でも、介護予防教室にも問題があるんです。全15回とかって言ってマシンでやると、必ず体力が上がるんです。

ただ、そのあとが問題なんです。15回やりました、体力が上がりました、でも、そのあと、放っておくと元の木阿弥になるということなんです。

かといって、同じ人がずっと続けたら、ほかの人ができませんから、そういうわけにもいかないという問題があります。

高知市で、「いきいき百歳体操」というのが、10年くらい前から始まりました。高齢者が地域の身近なところに集まり、椅子に座りながら砂袋を使ってする簡単な体操です。

何の変哲もない体操のように思えるのですが、他の体操にない特徴があります。それは、住民が「やりたい」と言いださない限り、行政は開催を押し付けず、手を出さないのです。種まきとなる啓発活動はやりますが。運営も、本人、家族とサポーターが自律的に行います。行政は、専門職による最初の体力測定、中間段階の体力測定をやります。

96歳の女性が「いきいき百歳体操」をやった効果をユーチューブでみることができます。最初は、傍らに人がいて、(失礼ながら)、よたよたとやっと歩いている感じに見えました。ところが、3ケ月やったら、何と小走りで走れるようになったのです。このビフォア・アフターのビデオの効果はてきめんだったそうです。私もああなりたい、と言って、うちの地域でも、あそこの地域でも、ということになって、現在では、高知市内だけで、約300ケ所で「いきいき百歳体操」をやるようになりました。

それが、高知県内全体に広がって、今は、北海道でも取り組むところが出ています。これは健康づくりどころか、街づくりなんです。友だちもできたとか……。

中下　そこなんですよね。話せる人がいるということですよね。

反町　気分転換になるんですよね。つまり、一人で鬱々としているのがいけないんですね。体力はつくわ、憂鬱な気分は晴れるし、いいことばかりなんです。

中下　孤立死というのは怖いというイメージがありますけれども、そうした形で繋がりを作っていくというのは、ある意味、孤立死対策でもありますよね。

反町　空前の大成功なんです。ところが厚労省は、市町村に対して、このまま放っていたら要介護になるだろうという特定高齢者を見つけて、その人に対して、集中して、

いきいき百歳体操の展開と成果
堀川俊一（高知市役所健康推進担当理事）

性・年齢階級別いきいき百歳体操の参加率

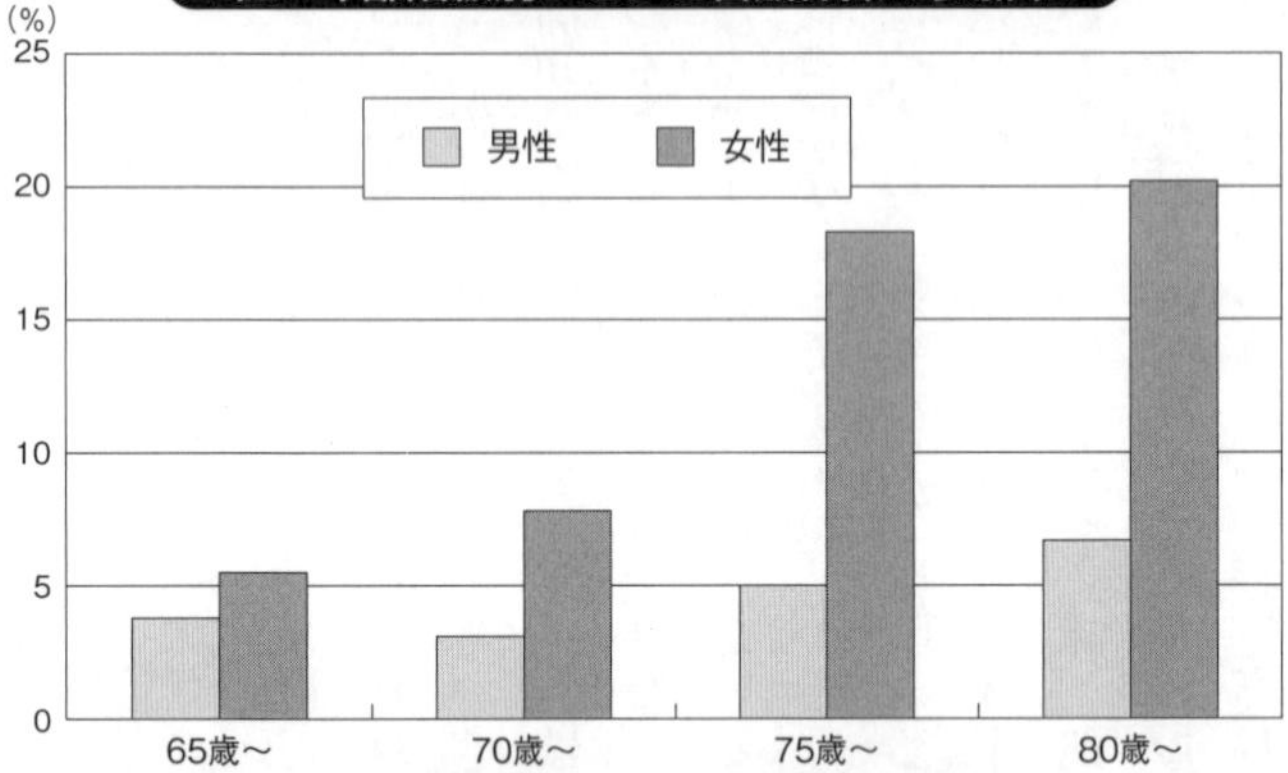

（介護保険非認定者　n=965　平成20年高知市）

体操継続期間別体操を始めてからの変化（高知市 n=2,598）

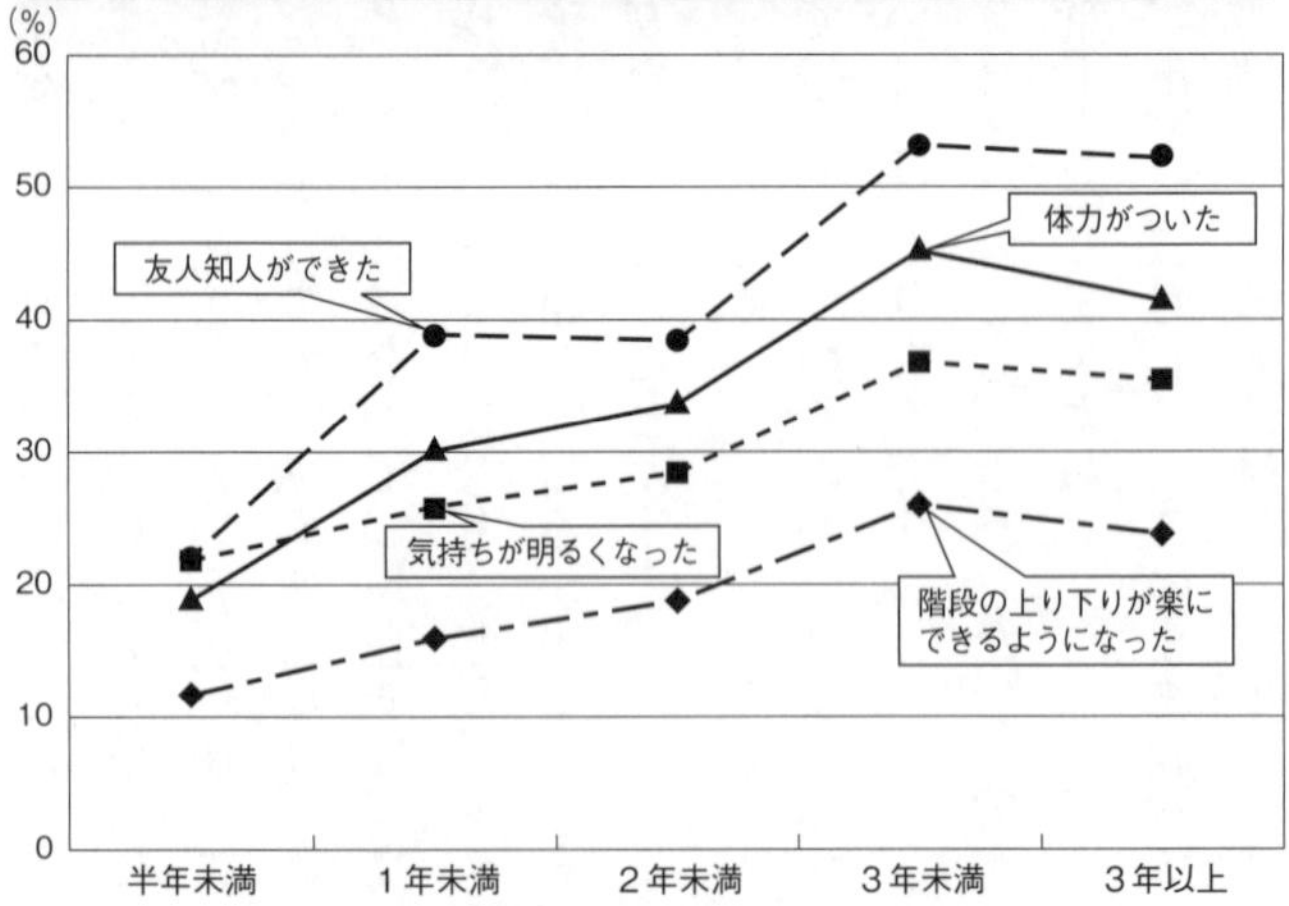

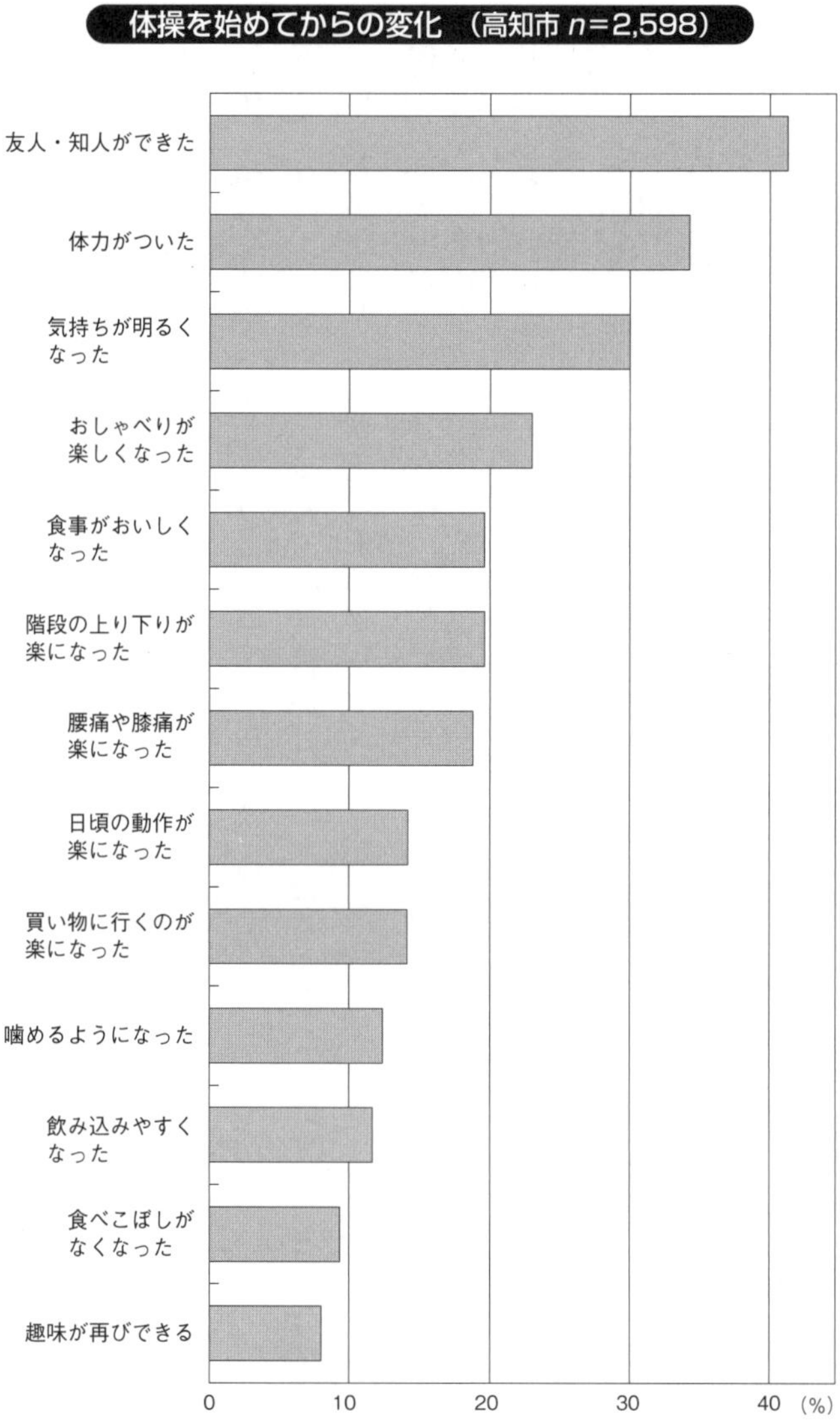

体操を始めてからの変化 (高知市 n=2,598)
友人・知人ができた
体力がついた
気持ちが明るくなった
おしゃべりが楽しくなった
食事がおいしくなった
階段の上り下りが楽になった
腰痛や膝痛が楽になった
日頃の動作が楽になった
買い物に行くのが楽になった
噛めるようになった
飲み込みやすくなった
食べこぼしがなくなった
趣味が再びできる
0
10
20
30
40
(%)

介護、擁護をやりなさいと言ってきました。生活機能評価という検診をするんですが、みんな、それに指定されるのはいやで、ほとんど失敗しているんです。それで、この生活機能評価は2011年度に廃止になりました。つまり、現場の気持ちを分かってないんです。「いきいき百歳体操」のほうが、はるかに成功しているんです。行政が一生懸命、指導してやってしまうと失敗するんです。

中下　それはよくある話ですね。生活機能評価にかけるお金を「いきいき百歳体操」に回した方がはるかに孤立死対策になる。

反町　ほかの県にもありますよ。岡山県の津山市というところでも65歳以上人口の1割かがやっており、ものすごいことになっています。大阪府の島本町とか、大阪市の城東区とか、北海道にもありますし。

なんで、あれを政策的に、もっと考えないんだろうと思います。

鈴木　新宿区にも「新宿いきいき体操」というのがあります。ラジオ体操を教えている人たちが行っていたりするんです。

その「いきいき体操」をやることによって、どういう効果が出るとか、どれだけ健康になれるかのような、費用対効果が出てくるといいですね。

反町　というか、やった人たちが、これだけ頑張って元気になったと実感できることが重要なんですね。

津山市とかでは、元気でピンピンした人だけではなくて、要介護1ぐらいまで、脳卒中の後遺症がある人までやっているんですよ。

鈴木　その見える形が大事なんですよね。

「新宿いきいき体操」は新宿区の人に聞いても、知っている人は知っていてもほとんどの方に、「なに、それ？」って言われてしまっています。

──街づくりの中にも、たくさんのヒントがある

中下　孤立死問題においては、「孤立死、どないすんねん」という議論も大事なんですが、それに輪をかけて、自分がいて、家族がいて、社会にいろんな人がいてという重層的な問題でもあるので、人と人との関係をどうやって作るかという視点、その中で体操というのがひとつの切り口だったりするわけですよね。そこに行くことで誰かと話をすることができ、気持ちが明るくなったりするわけですから。

反町　法医学というのは世の中の悪いところばかり見るところがあって、私も長らく

社会病理を突くという路線でいたんですが、それに限界を感じて、街づくりみたいなことをやらないことにはどうにもならないということに気がついたんです。

それは都会であっても、地方とは違う形で展開していけるんじゃないかと思っています。

中下　それが持続可能な社会に繋がっていくということですね。

街づくりに参加することが、湯浅さんや中下さんの話の中で出た、「みんなが当事者として参画する」という具体的な中身になるんじゃないかと思うんです。

次の世代へのバトンタッチというか、そもそも、そういう場や関係性がないと、次の世代に持続していかないんです。

反町　中下さんがいつも言っているように、結局、いい死に方をする、子どもがいなくても次の世代にバトンタッチできたと思って死ぬというのは大事なことだと思います。そういうことに皆気づいていないんですよ。

中下　被災地の東北に行っても思いますけれど、日本はどんな田舎に行っても必ず地域にはお祭りがあります。みんなでわっしょい、わっしょいやって楽しいな、と。

反町　それって、すごく大事なんです。祭が衰退してきているというのは、地域社会が衰退してきているのとイコールだと思います。

中下　確かにそうですね。

お祭は、必ずしも良い所ばかりではないのですが、何よりも楽しいし、じいちゃんに、「おれにも御輿を担がせてくれ」とかいう会話をすることで、世代間交流も生まれるんですよ。それが、今度、じいちゃんが死んだら、おれが葬式をやるんだということにつながっていくんです。

反町　そうですね。

中下　被災地に行って、3・11で津波が来て、助かった方と話をしていたら、その助かった方が津波が引いて真っ先に行った場所は、まずご自宅。2番目にどこに行ったかというと、一番多かったのが職場なんですね。3番目に多かったのがお墓なんです、先祖代々の。

その次に多かったのがなんと御輿の保管場所なんです。

陸前高田でガタイのいいお兄ちゃんと話をしたんですが、「高田に生まれた男は、御輿を担いで、消防団員になって地域の人に役立つのが粋なんだ」と言っていました。そういう感覚って、まだまだ、すごく全国各地に残っているんですよね。

でも、都会には少ないですね、浅草とか、下町には若干ありますが。

反町　私は、今、国立市に住んでいますが、いい街を作ろうという指向性がけっこうあり、都会ですが、かなり、みなさん、いろいろ議論しているようです。

中下　街づくりをすることによって街全体が豊かになっていって、関係性が生まれれば、「＊＊さんのおばあちゃん、最近、見ないわね」みたいな話になるわけですよ。

反町　街を歩いていたり、生活しているのが楽しくなるというか……。

中下　ええ。そこで、かつてのような硬直したガチガチの関係というのはきついという人も多いでしょうから、ほどよい関係を。週に1回、人と会うぐらいで、残りの6日は独りでもいいじゃないかみたいなことですよね。その1回があるか、ないかというのはすごく大きいと思います。

反町　全然、違いますよね。

中下　そういう場を、どんどん作っていくのが政治の役割であり、行政の役割であり、民間が、どこまで、それを政策提言できるかということだと思います。

それには実績としてたとえば、さきほどの体操のようなケースをどんどん示していかないと駄目ですね。前例がないと動かないですから、国も人々も。あとは社会の

6割の無関心層にも伝えていくことができればと思うんです。あまり深刻にならずに、「この問題、怖いわ」というのではなくて、「私も、ちょっと体操なら参加してみようかな?」という感じで、ほんとに気軽に街づくりに参画できることを知ってもらえたらと思います。

鈴木　今、みんなは、何もやりようがないだろうと思っているんですよね。そこに、気軽に始められることが出てくれば雰囲気が違ってくると思います。

反町　ずっと日本人は、言われたことを勤勉にやってきただけなんですよ。工夫して、頭を捻って、みんなで相談してっていうことを長いこと、怠っていたと思うんです。今は余裕がないせいもありますけれど。

鈴木　自分から能動的に何かをするというのが、そもそも苦手なんですね。それでいて、出来上がっているコミュニティに飛び込むとか、そういうのも苦手なんですよ。

とくにマンションなんかに引っ越してしまったりすると……、私の消防団の後輩も引っ越して2年たっても、消防団という組織があることも知らなかったし、お祭りで神輿を担ぎたいと思っていても、町会長にいきなり連絡するというのもヘンな話だしと、なかなか言い出せなかったと言っていました。

新宿区は、出張所ごとに地域の町会長リストをマンション入居者の方とか、引っ越しをされた方に、住民登録の際にお渡しししています。役所には必ずあるんです。ただ、広報を行ってはいても、電話を実際にかけて、「町会に入れてください」って言うかというと、なかなか言わないのも現状ですが……。

反町　従来の、そういうのとは違う仕組みを作らないと。

鈴木　住んでいても、働いている場所が違ったりするんですよ。昔だったら、住んでる場所が働いている場所だったりするんですけれども……。

反町　東京は、とっくの昔に食住分離ですから。

鈴木　住んではいるけれども、寝に帰るだけで、だから、地域のことは知らないってなってしまうと思うんです。

反町　日本は高度経済成長のときのモデルで今も動いているんですよ。だから、働き過ぎで……。少子化にしても全部、ツケですよ。

東京はとくにそうなんです。

一人の女性が生む子どもの数を見ると、東京が低い（1・12人、2010年）のに対して、福井とか、北陸はすごく高いんです（福井は1・61人、2010年）。

女性の就業率が高くなると、出生率は下がるとみんな、思っていますが、それは大間違いで、福井と東京と就業率は同じぐらい。でも、福井は失業率が低く、正社員比率が高く、小さい子どもに対する保育所定員が全国一多いんです。

東京は、たしかに就職するけれども、正社員比率は低く、失業率も高い。小さい子どもの数に対する保育園の定員は、福井の約半分しかありません。働き方がとんでもないから、家に帰って寝るだけで、近所の人と挨拶もできなければ、お祭りにも参加できない。すべて個人レベルで完結して、考えてしまっているんです。地域とか、社会と繋がって、何かやろうという発想がすごく弱くなっているんです。ほかに刺激もたくさんありますしね。

中下　都会に出ていった方が煩わしい人間関係がないというのは、すごく大事な視点だと思うんです。そういう付き合いが煩わしいという人が、この本を読む人の中にもたくさんいると思うんです。そこをどう適切な形で繋いでいくか？

一方、独りぼっちで、無関心で、放っておかれるのもいやだというような人もたくさんいると思うんです。

反町　2つの問題がありますよね。

それは、ただ孤立死を防ぐということだけでなく、いい死に方、いい生き方というポジティブなこととして語るということですね。

そのためには自分一人ではできなくて、地域なり、社会でできるようにする、あるいは、それを支える政策を考えていかないといけないと私は言いたいですね。

中下　体操の話は、先行事例としては、ずば抜けていいと思うんです。

徳島県・上勝町で、周りの山の葉っぱを町の料理屋さんのお飾り「つまもの」とかに売るおばあちゃんたちがいて、映画にもなっています。仕事ができるということでお金が儲かって、また関係性ができるということで生き甲斐が生まれるというのもあるじゃないですか。そこを見ていく必要があると思うんです。体操のケースであるとか、祭のケースであるとか、街づくりイコール孤立死対策なんだ、それは繋がっているんだということですね。

孤立死の問題は、見方を変えることで非常に広がっていきます。

湯浅さんが貧困というテーマで掘っていったら、「これは民主主義の問題だ」、みんなの問題なんだと気付いたように、一人ひとりの民意が成熟しない限りは根本的問題は解決しないことと一緒ですね。

孤立死というテーマを通して、高度経済成長の闇とか、ツケが、今回って来ているということが見えてきました。家族分断、世代間交流なしがあたり前な社会の中、「これからどないすんねん」というのがこれからの問題かなと思います。

鈴木　2012年「自殺対策大綱」の改定時に、ほかの自治体が真似できるように事例を集めて、事例集を作れという話し合いが社会的包摂プロジェクトチームのほうであったんです。たぶん、厚生労働省のほうで進めていたと思います。

中下　内閣府の自殺対策室のほうで、「自殺対策白書」の中でもかなり事例を集めています。かなり地域のモデルは出てはいますよね。

反町　いま、傾聴ボランティアが人気ですが、うまくいっているところもあるんですけれども、あまり、うまくいっていないところもあります。

ひとつは、傾聴ボランティアばかり一生懸命、やっていたらいいかというと、来る人が固定されてしまうということがあったんです。そのときに欠けている視点というのは、街づくりと連動してやらないとうまくいかないということなんですね。

地域のごく一部の人に対する取り組みだけではなくて、いろんな繋がりを作っていくような取り組みが大事ですね。

傾聴の活動を広めているところは、かなり社会福祉協議会と連携しています。このごろ、新しいのは認知症の方への傾聴とかも始まっているんです。もうひとつは、地域で紹介してもらって、個人宅へ入る動きも出ているんです。

傾聴ボランティアは高齢化社会の中でも珍しい、ポッと明るい話題ですね。トータルするとけっこうな人数がやっているんです。聞く人も、聞かれる人も、気持ちの底上げができますね。

鈴木　そういう、いい事例を、たとえばゲートキーパーとかにうまく回せていけたりすると自殺対策にも繋がると思うんです。ほんとうに根っこにあるものって、全部、一緒なのかなって思います。

反町　ゲートキーパーとおぼしき人に、ちょっと勉強してもらって、個人の努力でやってもらいましょうみたいなことはあるんですが、それでも、なかなかうまくいかないんです。みんなで、サロンを作ってやるんだったらいいんですけど。

それに、民生委員は、いろいろな人を抱えていて……、私も民生委員の研修会はかなりやってるんですが、そのときに、「実は、私の担当の人が3人も自殺をして、もう、今度は死なせたくないから、どうしたらいいのか教えてください」とか、けっこうあるんです。皆さん使命感もあるのでね。

やはり一人の個人作業としてやっていても、なかなか……。それも必要なんですが、共同して何かやるという方向でゲートキーパーもやらないと、いろいろ問題があると思います。

鈴木　「また死なせてしまった」と言って、自責の念で、その方が、という可能性もあるので、かなり危険ですよね。

さきほどのお話の、支援される側の支援という部分にも繋がってくるのかなという気がします。

中下　東北を回っていても保健師さんは、ほんとうに辛そうです。一人で、仮設住宅内の被災者200人も、300人も回っているわけですからね。彼女たちは使命感を持ってやってらっしゃいますけれども、ご自身がボロボロに近いというか……。家に帰れば帰ったで、家族のご飯を作らなければいけないとか、子どもが暴れるとか、あるわけですよ。なんか、共倒れに近くなってきてますね。

おわりに

2013年2月9日、テレビ東京にて「独りで死ぬということ〜孤立街の見守り僧侶〜」という私の日々の活動を追った30分のドキュメンタリー番組が放送された。放送直後から、孤立死のリスクがある当事者はもちろん、行政・病院・介護施設・NPO等から「社会的に孤立している人をどうすればよいか」「引き取り手のない遺骨が多数あり困っている」等の相談が多数寄せられた。また私のブログ・ツイッター・メールには「頑張ってください」「応援します」などの激励が多数寄せられる一方、テレビで紹介された限界集落と呼ばれる団地の住民から「うちの団地の恥をテレビでさらしやがって。俺はお前を絶対に許さない」とお叱りの電話をいただいた。またネット上の匿名の書き込みで「あんたのやっていることは僧侶のやることではない。売名行為だ」「死ね」というものも多数あった。

私自身も含めて、人間は弱い存在である。常に誰かの承認に飢えている。家族が解体されることによって、家族から信頼される機会を失った私たちは、別の形で承認欲求を満たすしかない。会社や学校で「出来る人」は良い。しかし、世の中全員が「出来る人」ではない。野球をやっている人の全員がイチロー選手のようになれる訳ではない。承認欲求や自尊感情が社会で満たされないと、ある人は他者に攻撃的になり、ある人は自分を守るために殻に閉じこもる。孤立死は、自分を守るために殻に閉じこもる延長線上にあるのではないか？

「末期がんになった今、つくづく思うよ。過去と他人は変えられないって。でも、未来と自分は今からでも変えられる。俺はもうすぐ死んで逝くけど、お前さんはまだ若い。俺のような人生をお前は選ぶな」と、ホスピス病棟で50代の男性患者Aさんは私に言い残し、死んで逝ったことが今でも忘れられない。Aさんは、若い時から仕事中毒で、気が付いたら奥さん子どもに逃げられ、独りで逝った。葬儀に参列する人もなく、遺骨は私が独りで拾った。親族は「関わりたくない」とのことで、遺骨の引き取りすら拒否された。過去にAさんに何があったのか私には分からない。しかし、Aさんの遺骨を独り抱いた私には、何ともやりきれなさだけが残った。「過去と他人は変えられない、しかし未来と自分は今からでも変えられる」というAさんが発した言葉の意味を、私は今でも自問自答している。

「分かっちゃいるけど、やめられない」という言葉がある。未来と自分は、確かに今からでも自分の意思次第で変えられる。しかし、その一歩を踏み出すのは、容易ではない。他人を思うように変えること以上に、自己変革には強烈な痛みを伴う。自分自身が見たくない現実も、直視しなければならない。あなたがもしこの本を読み終えた時、自分の生き方、家族との関わり方、社会のあるべき姿について何かを感じ、「未来」を少しでも良いものに変えていきたいと思われたならば、筆者としてこれほど嬉しいことはない。

「備えあれば憂いなし」という言葉がある。東日本大震災を持ち出すまでもなく、「その時」は突然訪れる。緊急事態が発生した時、人間はその真価が問われることになる。普段考えたこともないことが、イザという時、急に出来るようになる訳がない。私たちの生き方、地域や社会のあり方を、常日頃から意識して見つめ直すことが、結果的に防災意識を高めることに繋がり、それは長い目で見ると国益にも繋がっていく。孤立死対策も全く同じであろう。

最後に、第2章で、ご多忙の中、時間を割いて対談に参加していただいた反貧困ネットワーク事務局長の湯浅誠さん、第3章で議論に参加していただいた大妻女子大学教授の反町吉秀先生、新宿区区議会議員の鈴木ひろみさん、三省堂編集部の中野園子さん、貴重な資料を提供して下さった岩手県立大学の菅野道生先生、足立区区議会議員の小椋修平さんに御礼申し上げます。また既に独りであの世に逝ってしまった先人たちに哀悼の意を捧げると共に、現在の私の活動を支えてくれる多くの仲間たち、そして最後まで読んでくれた読者のあなたに、心から感謝します。ありがとうございました。

合掌

2013年2月

中下大樹

中下大樹（なかした・だいき）
1975年生まれ。大学院でターミナルケアを学び、真宗大谷派住職資格を得た後、新潟県長岡市にある仏教系ホスピス（緩和ケア病棟）にて末期がん患者数百人の看取りに従事。退職後は東京に戻り、超宗派寺院ネットワーク「寺ネット・サンガ」を設立し、代表に就任、「駆け込み寺」としての役割を担う。生活困窮者のための葬送支援、孤立死防止のための見回り、自死念慮者の相談、自死遺族のケア、貧困問題など、様々な活動を行っている。著書『悲しむ力』（朝日新聞出版、2011年）、『死ぬ時に後悔しないために今日から大切にしたいこと』（すばる舎、2012年）など。

あなたならどうする　孤立死

2013年3月30日　第1刷発行

著　者　中下大樹

発行者　株式会社　三省堂
代表者　北口克彦
発行所　株式会社　三省堂

〒101-8371　東京都千代田区三崎町二丁目22番14号
電話　編集（03）3230-9411
営業（03）3230-9412
振替口座　00160-5-54300
http://www.sanseido.co.jp/

印刷所　三省堂印刷株式会社

DTP　株式会社エディット

落丁本・乱丁本はお取替えいたします〈孤立死・208pp.〉

ISBN978-4-385-36596-1

桜葬 ―桜の下で眠りたい

井上治代・NPO法人エンディングセンター　著

「こんなお墓がほしい」を実現！
◎自然志向・継承者不要の「桜葬」墓地。エンディングサポートもあって大人気！
◎桜葬を選んだ人たちの手記から見えてくる「想い」と「人間模様」。
◎全国に広がる各地の「桜葬」墓地も紹介！

目次／第１章 「桜葬」のバックステージ／第２章 「桜葬」の理念／第３章　設計者が語る各エリアの設計意図／第４章　桜葬を求めた人々の想い／第５章　桜葬ネットワーク会員／第６章　協働している団体

NPO法人エンディングセンターとは？
尊厳ある死と葬送の実現のために活動。
講座やフォーラムで共に学びあい、墓を核とし、家族を超えた「絆」の創造をめざす。

いっしょにやろうよ 国際ボランティア　NGOガイドブック〈新版〉

NGO情報局　編

何かボランティアをしたい人のために、200の国際ボランティア団体を、80人への体験インタビューを含めて紹介する楽しいガイドブック。ボランティア活動のだいご味や手ごたえが生で伝わってくる。

目次／第１章　ボランティアをして感動したこと＆考えたこと／第２章　ボランティアを始めるために必要な情報全ガイド／第３章　広がるボランティア活動の輪／第４章　NGOのスタッフになるにはどうしたらいいの？　Q＆A／第５章　NGOってどんな活動をしているの？／第６章　国内の主な国際ボランティア団体一覧

自殺をくい止めろ!
東尋坊の茂さん宣言

茂 幸雄　著

今、必要なのは、〈きずな〉と〈支えあい〉!

多くの人の命を東尋坊の水際でつなぎ止めてきた茂さんが今、全国民に一緒にやろうよ、と呼びかけています。

どうしたら自殺はくい止められるのか? 私たちにもできることは何か? 行政がやるべきことは何か? 今、企業がやるべきことは? —本書では初めて、生活再生、仕事、住居などの市民による支援シェルターの広がり。自殺体験者たちの声から見えてきたこと。またスタートした〈自殺多発地帯〉での市民ネットともなど紹介。

自殺で家族を亡くして
私たち遺族の物語

全国自死遺族総合支援センター　編

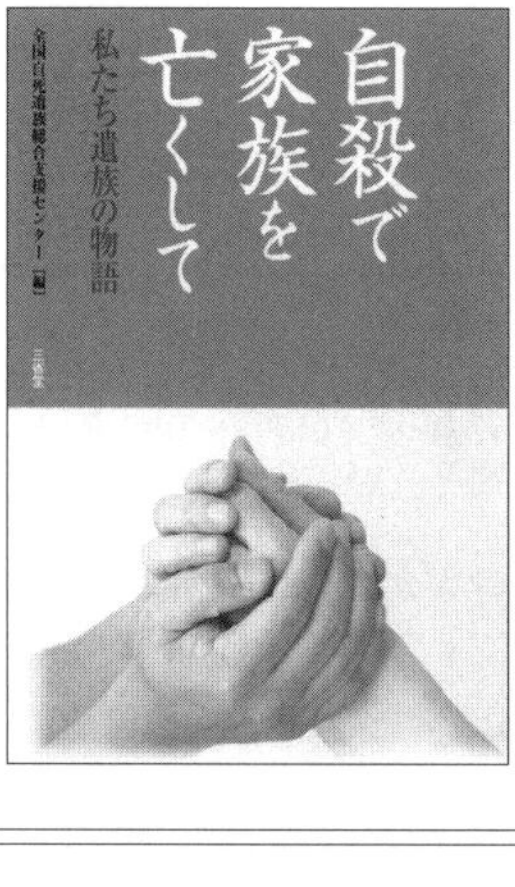

毎日90人もの人が日本のどこかで自ら命を絶っています。
初めての27人の体験・集
〈夫・妻を亡くして〉
〈息子・娘を亡くして〉
〈父・母を亡くして〉
—そして支援・同行者からも

家族を自殺で亡くした衝撃。自殺を止められなかったことへの自責の念。
—そして、周りに語ることのできない"沈黙の悲しみ"….
"もう　これ以上　同じような悲しみに暮れる人を増やしたくない"
自殺に追い込まれることのない「生き心地の良い社会」を創るために語り始めた遺族たちの物語です。